AF358496

INTELIGENCIA SEXUAL

VERÓNICA BOCOS

www.inteligenciasexual.guia-burros.com

Si después de leer este libro, lo ha considerado como útil e interesante, le agradeceríamos que hiciera sobre él una **reseña honesta en Amazon** y nos enviara un e-mail a **opiniones@guia-burros.com** para poder, desde la editorial, enviarle **como regalo otro libro de nuestra colección.**

Agradecimientos

Quiero dar las gracias a mi pareja y a mis hijos por los momentos robados para llevar a cabo esta aventura.

Sobre la autora

 Verónica Bocos Bermejo, nacida en Madrid en 1970, estudió Derecho en la U.N.E.D, y lleva trabajando en el Ayuntamiento de Madrid desde el año 1991. Además de su actividad profesional, imparte talleres sobre sexualidad para adolescentes y para personas adultas que desean mejorar sus relaciones sexuales haciéndolas más gratificantes y viviéndolas sin miedos, en libertad y con sabiduría.

Índice

Introducción

Me llamo Verónica. No soy sexóloga ni psicóloga; no vivo del sexo, aunque me rodea por todas partes, como a casi todos. El mundo en el que vivimos está sexualizado. Hubo un momento en mi vida, hace ahora cinco años, en el que un amigo me propuso hablar de sexo durante un campamento. El auditorio eran chavales de entre dieciséis y veinte años. En un primer momento me dije: "¿Yo? Ni de broma. Si quizás tendrían que hablarme ellos a mí, para aprender yo como 'manejarme en el sexo'. Pero si me pongo colorada al primer comentario un poco subido de tono...". Pasados unos días, acepté. No sabía cómo iba a hablar durante tres o cuatro horas de sexo, y encima con chavales, y además plantearlo con algún tipo de juego que hiciera de la experiencia algo vivo, participativo. Ya veía sus risas por todas partes. Pero los milagros existen, o aquello a lo que damos el nombre de "milagros" cuando no comprendemos qué es lo que ha ocurrido. Esa

parte sabia de nosotros, esa parte más elevada, a la que muchos no estamos acostumbrados a escuchar, me habló y me dijo: "Habla de ti, cuenta tu historia desde que tienes recuerdos de momentos vividos en eso que llamamos sexualidad, tus primeras sensaciones, tus experiencias, tus miedos". Y así lo hice. Empecé a rebobinar, a recapitular mi historia y a ponerla un poco en orden. Hacer este repaso en primer lugar me vino bien... a mí; había tantos momentos que no recordaba, tantos miedos, tantas creencias equivocadas. Fue sanador evocar todos estos recuerdos, y además querer contarlos. Cuando hablas desde el corazón, desde la verdad, la magia ocurre si el otro está igual que tú y tocas los mismos niveles: la magia ocurre. Fue maravilloso contemplar a treinta chavales escuchando con total atención, y cómo algunos se removían en sus sillas al escuchar alguna vivencia. Luego, en *petit comité*, me confesarían que a ellos les había pasado igual, o que todavía les pasaba. Ese día una puerta se abrió... En realidad, muchas puertas se abrieron, pues esos ojos, esas miradas, me pedían que lanzara al mundo un cambio de mirada hacia la sexualidad. Decidí entonces poner todas las cartas sobre la mesa y ampliar el rango de edad de las personas a las que les puede interesar hablar, escuchar o aprender algo sobre el sexo, lanzándome a hacer otro taller. Y para mi sorpresa, volví a comprobar que la gente tiene ganas de oír, de cambiar, de resolver dudas. Otros se enfadan ante lo evidente, negándose a abrir los ojos, a quitarse los velos para que entre aire fresco, sobre todo las mujeres. Pero no porque los hombres no quieran, sino porque ellos siguen en su mayoría cerrados en el armario —nunca mejor dicho—, sin salir de él. Se cierran en banda a este y a muchos otros temas, pero en cuanto les tiendes la mano y les dejas su espacio, se abren como un nenúfar, deseosos de ser regados y de poder contribuir y aprender. Y así llegamos hasta 2018, cuando mi amigo Sebastián Vázquez estaba buscando a alguien para escribir un libro de sexología. Dije "sí", me lancé, y aquí están estas líneas escritas desde el corazón por una persona que ni mucho menos es experta en el tema, pero que es valiente y tiene confianza en que podamos vivir mucho mejor de lo que lo hacemos, sobre todo en lo que a sexualidad se refiere.

Espero que el libro os pueda aportar algo, o por lo menos os haga pasar un rato agradable, sin más pretensiones.

En el principio fue... el sexo: sin sexo no hay vida

Párate un segundo y observa. ¿De dónde vienes? ¿Cuál fue el origen de tu vida? Parece que nacemos de un acto sexual, y nos vamos a quedar impregnados de esta energía para toda nuestra vida. La energía de la sexualidad va a estar a nuestro lado hasta que abandonemos este mundo. Al margen de convicciones religiosas, e independientemente de las creencias acerca de la Divinidad que cada uno tenga –para no entrar en discusiones sobre el origen de la vida e ir al grano de lo que quiero tratar en este libro–, ocurre un momento biológico en el que se unen dos células. Previa a esa unión, tiene lugar un acto sexual entre dos personas, un hombre y una mujer. Esta unión ha sido necesaria para poder procrear, para que la especie continúe, desde el principio de los tiempos. Da lo mismo que tus padres se amaran o se odiaran, sintieran un orgasmo o no, tuvieran enfermedades o gozaran de una salud perfecta, tuvieran trabajo o no, vivieran durante un periodo de paz o hubiera un conflicto bélico desarrollándose en tu país, da igual; tuvieron que practicar sexo, tuvieron que unirse. Si has nacido en estos últimos quince años, puede que hayas sido fecundado *in vitro*, técnica que está siendo utilizada cada vez por mas personas para tener un hijo. Pero si no es ese caso, tú procedes de un acto sexual. Tu padre y tu madre copularon en el momento justo. El pene de tu padre consiguió la turgencia suficiente para poder introducirse en la vagina de tu madre. Cuando tu padre, con el pene dentro de la vagina, liberó el semen que había en él, los espermatozoides empezaron a correr para ver quién era el primero en llegar al óvulo. No pudo ser antes ni después; el espermatozoide llegó en el momento justo. El óvulo es liberado por el ovario y vive entre doce y veinticuatro horas. Los espermatozoides, si son de buena calidad y la mujer se encuentra en el momento de la ovulación –momento en el que el Ph del útero es 7-7,5 puntos– pueden llegar a vivir setenta y dos horas. Esto significa que el espermatozoide y el óvulo disponen de unos tres días para conseguir que haya fecundación. No parece tan fácil que se den las condiciones óptimas para la fecundación. El resto de la película ya la conoces, y no es lo que queremos tratar aquí. Sin acto sexual ninguno de nosotros estaría aquí. Parece por tanto que se trata de algo importante: sin acto sexual no hay vida, no hay continuidad. La especie humana se extinguiría.

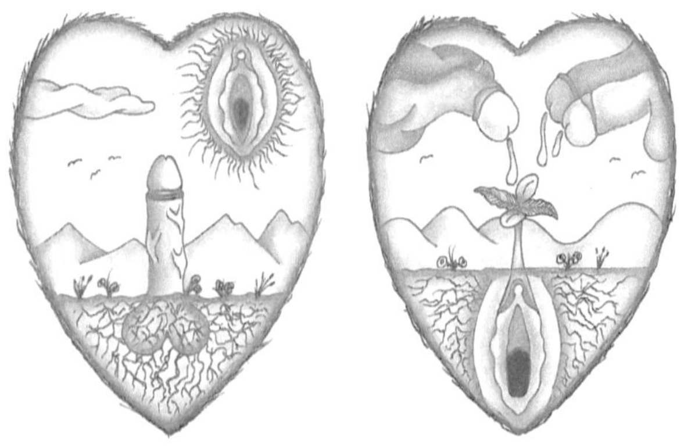

El sexo es importante desde el punto de vista de la evolución. Gracias a la sexualidad aseguramos el mantenimiento de la especie humana. Lo femenino y lo masculino se encuentran para garantizar la continuidad de nuestra especie. Nos guste o no, el fin último de la sexualidad es ese. El cerebro del hombre y de la mujer, cada uno con sus diferencias, está estructurado para reproducirse. Independientemente de los hábitos sexuales que cada uno tenga, el sexo reproductivo sigue siendo esencial. Todos los comportamientos sexuales que ocurren en la naturaleza se dan de una forma espontánea. Sin embargo, en el ser humano la sexualidad va más allá de la reproducción; el ser humano lo tamiza a través de la razón, y entonces entran en juego roles sociales y culturales.

Por otro lado, no se puede pasar por alto que hay personas que deciden pasar toda su vida o parte de ella sin tener relaciones sexuales. Los motivos pueden ser diversos; hay personas que no conciben el sexo sin tener una pareja estable o que por lo menos sientan una cierta seguridad, que no sea algo pasajero, renunciando incluso a la masturbación en solitario. Otras veces, a pesar de tener pareja, entran en una rivalidad o enfado con el otro y se apartan de esos momentos íntimos que tanto bien nos hacen. A veces quieren castigar al otro sin sexo, pero no se dan cuenta que son ellos los primeros perjudicados. Otras veces el motivo de no tener sexo son las creencias religiosas. El problema puede surgir después de mucho tiempo de inactividad, en el que los órganos se han quedado en cierto modo atrofiados. Aunque es reversible, quizás no se vuelva al mismo vigor que antes. Recordemos que a la mayoría de los órganos los mueven músculos, y si estos no se ejercitan pierden su tonicidad. Según algunos profesionales, en hombres que llevan mucho tiempo de inactividad sexual se ha detectado que algunos penes se vuelven más pequeños, como si se metieran hacia dentro, retrayéndose. En la mujer, la falta de actividad sexual, hace que cuando se quiere reiniciar esta, la lubricación cueste más, resultando el acto incluso doloroso. Creo que, tal y como reivindican muchas personas, se puede vivir sin sexo, pero mi opinión personal es que no es lo más saludable. Sería como vivir sin movernos, sin caminar o sin comer. La sexualidad nos permite tener momentos de mucho placer a lo largo del día; se trata de aprender a vivir con esa energía creadora que sirve para mucho más que para conseguir un orgasmo. Con la sexualidad nos sentimos con más ganas de disfrutar los regalos que nos trae la propia vida cada día.

Generalmente, quien más pierde el deseo sexual a lo largo de la vida es la mujer. En realidad, más que perderlo lo que sucede es que sus necesidades o preferencias van cambiando a lo largo de su vida; se vuelve más exquisita y exigente, y aunque en relaciones heterosexuales no solo busca el contacto genital, sino las caricias, la afectividad —lo que yo llamo "la piel"—, quizás en los años más jóvenes o de despertar de la sexualidad sí busca fundamentalmente el orgasmo, y llega de una forma más rápida a conseguirlo. A medida que va madurando, sus deseos van cambiando y desea más el contacto afectivo en un sentido mucho más amplio: las caricias, la palabra, el sexo sin penetración... Un sexo más "completo". Naturalmente, esto es en líneas generales. Conozco a muchas mujeres a las que a partir de los cincuenta se les ha despertado un mayor deseo sexual, tienen más ganas de practicar sexo, se encuentran mucho más seguras de lo que quieren y además no tienen miedo de pedir, sobre todo cuando encuentran una pareja a partir de esta edad. Los hombres, en general, no buscan tanto esta intimidad afectiva. El hombre es más impulsivo, su energía sexual es mucho más fuerte y corta, más explosiva; suele querer tener relaciones sexuales finalizando con orgasmo y eyaculando. Y es ahí donde puede aparecer el "problema", por llamarlo de alguna forma, aunque no creo que lo sea. Son necesidades distintas, y por ahí viene –a mi entender– un cambio en las relaciones heterosexuales, el cambio del hombre a abrirse más a las caricias, al afecto, a la ternura, no solo cuando presienta o con la intención de que vaya a culminar con penetración, eyaculación y orgasmo. Esto tampoco es nuevo; las mujeres venimos reclamándolo desde hace muchos años, quizá desde milenios. La mujer quiere estar y vivir practicando sexualidad todo el día. Una sexualidad en un sentido muy amplio y completo.

Recuerdo un día que vinieron a mi lugar de trabajo dos mujeres. Yo las saludé, y una de ellas empezó a contarme el motivo de su visita. En un primer momento no reparé en la mujer que le acompañaba. Su olor, su forma de hablar, su dulzura, sus miradas atentas, despiertas, conscientes, con un respeto, con una complicidad casi divina... Pero sobre todo su energía era maravillosa: se podía palpar. Vivían en sexualidad todo el día; esto se transforma en una energía tan sutil y preciosa que hay personas que podemos sentirla. Pasado un rato, reparé en quién era la otra mujer: una actriz española muy famosa, además por aquel tiempo embarazada. Recordé que la había visto en una revista días atrás. Me quedé embobada y con una sensación de anhelo al oír cómo hablaban de la vida, del sexo, de la maternidad... Olían a sexualidad plena. Se lo comenté, y ellas eran conscientes de lo que yo les hablaba. En parte ese era el motivo de su elección de una pareja de su mismo sexo: no habían sido capaces de encontrar eso en un hombre.

Llegados a este punto, creo que a la mujer le queda todavía un largo camino por recorrer, porque a partir de ella se avecina el cambio, esperanzador y lleno de belleza. Este cambio tiene que darse en las relaciones heterosexuales para elevar la energía masculina, para enseñar el camino hacia una sexualidad nueva, más amplia, más poderosa. Desde aquí mando a las mujeres un SOS para que no se cierren, para que pidan, con delicadeza y paciencia, lo que necesitan realmente, para que disfruten de su sexualidad, para que no la dejen encerrada en una cajita y dejen salir todo el potencial que llevan dentro, para que la sociedad, las hijas, el poder, las escuelas... hablen y vivan en sexualidad todo el día, adoptando todo lo femenino, todo lo que la mujer lleva dentro.

En conclusión –y es solo mi humilde opinión–, se puede vivir sin sexo, pero es renunciar a un bienestar general que enriquece y te hace crecer. No se trata únicamente de renunciar a vivir sin practicar sexo: el ser humano no puede vivir sin abrazos, sin caricias, sin contacto con el otro. Pero obviamente, cada uno decide. Simplemente se trata de un punto de vista.

Algunos aspectos biológicos necesarios: vaginas y penes

Dos de los órganos más importantes de los que intervienen en el acto sexual –o por lo menos a los que más importancia se les da, social y culturalmente–, son la vagina en la mujer y el pene en el hombre. De hecho, fueron diseñados para eso. Vamos a ver de un modo somero cómo son y cómo funciona cada uno de ellos.

La vagina está protegida por la vulva, que es la antesala de la cueva. Es profunda, húmeda, caliente y da cobijo. Es el pasadizo. Morfológicamente, es un conducto musculo-fibroso elástico, que forma parte de los órganos genitales internos de la mujer, abarcando desde la vulva hasta el útero. La apertura vaginal está protegida por los labios. Su longitud es de unos 8 a 11 cm. Es importante su función protectora; para impedir infecciones, está provista de diferentes microorganismos que viven de manera natural. La apertura de la vagina posee gran número de terminaciones nerviosas, por lo que al ser estimulada produce un gran placer en la mujer. No así la vagina propiamente dicha, lo que dificulta que solamente con la penetración la mujer pueda conseguir el orgasmo. Es importante saber que la vagina se lubrica durante la excitación sexual, lo cual va a facilitar la introducción del pene o de otro objeto mientras tiene lugar el acto sexual.

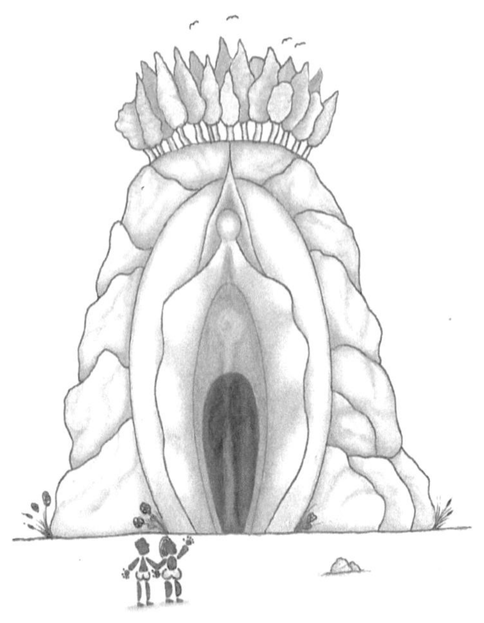

De igual manera, una total excitación produce una variación en la altura y anchura de la vagina. Esta contracción permite, cuando el pene está dentro de la vagina, producir una estimulación del mismo; es como si le envolviera. Este movimiento también permite la fecundación. Nos encontramos por tanto ante un órgano de bastante importancia en el acto sexual. La vagina se extiende desde la vulva hasta el útero. Hay que tener en cuenta a la vulva, situada en la parte externa, a la hora de producir placer. Es lo que tiene un contacto más directo con el exterior, lo primero que se toca. Formada por los labios, aparece como una gran boca, dispuesta a recibir besos y chupetones. El Monte de Venus, por su parte, desarrolla una función de protección y es también una zona altamente sensible a las caricias.

La mujer cuenta con el clítoris, un órgano pequeño y poderoso cuya estimulación –si esta es la adecuada– puede proporcionarle un gran placer, ya sea con la boca, con la mano, apoyándose sobre la pierna de tu pareja, con una almohada, con algún juguete sexual, o simplemente cruzando las piernas y ejerciendo presión sobre la zona. Cada mujer tendrá que "navegar" sobre su clítoris y observar qué es lo que le produce más placer. En algunos casos, si la mujer no está lo suficientemente excitada, una simple caricia le puede resultar molesta, y por el contrario si está muy excitada el placer que obtendrá será inmenso. No dejéis nunca de explorarlo, aunque lamentablemente todavía existen países en los que se practica la mutilación genital femenina.

No podemos olvidar una zona de gran placer para la mujer, muy sensible a las caricias y los besos: la forma por excelencia, la redondez, los pechos, órganos multifuncionales y claro reclamo erótico. El estímulo de los pezones forma parte del ritual en el acto sexual. Parece que científicos americanos han encontrado una relación entre la estimulación de los pechos y el clítoris. El diario *El País* publicó en 2010 un artículo en el que se decía que expertos de la universidad de Rutgers habían creado un mapa cerebral del placer sexual femenino. Por medio de escáneres se pudieron identificar las áreas del cerebro implicadas en la excitación de los genitales femeninos, comprobándose que la estimulación del clítoris no es la única que activa la corteza cerebral, sino también la vagina —por medio de la penetración—, y la estimulación de los pezones. En el caso de los pezones y el clítoris, la zona cerebral que se activa es la misma. Los pechos femeninos ofrecen también un gran placer visual para el contrario. Son la belleza hecha forma, símbolo de la ciudadana responsable durante la Revolución francesa, en la célebre imagen de la mujer que enseña uno de sus senos. En la tradición cristiana simbolizan nutrición espiritual. Por desgracia, hoy en día se ha hecho de los senos un estímulo para la sociedad consumista, creando estereotipos y exigencias detrás de las cuales se encuentran a menudo cerebros masculinos ante los que la mujer ha sucumbido, convirtiéndose en esclava de su cuerpo y modificándolo de una forma artificial para responder a las expectativas de la sociedad del momento.

Hablemos ahora del pene. ¿Qué podemos decir de él? Continúa siendo un gran desconocido y objeto de mucho peso o carga social para el hombre. "Tiene que ser de buen tamaño, cuanto más grande mejor"; "tiene que mantenerse en erección el mayor tiempo posible", y mil cosas más podemos oír sobre él. En última instancia, todas ellas una carga de creencias para el hombre. El pene es un órgano que tiene dos estadios bien caracterizados: el de reposo y el erecto, según si está vacío de sangre o lleno. Podemos considerar el pene como un árbol. Encontramos en primer lugar la parte superior o glande, que tiene una abertura por la que elimina el semen y la orina. Rodeando el glande hay una piel llamada prepucio, que lo protege, y que en el momento de la excitación pareciera abrirse para dejar fuera el glande. El tronco, en cuyo interior está la uretra, iría a continuación. Parece un órgano concebido para ser agarrado, como la palanca de cambios de un coche. Es un órgano de poder, de marcado, concebido para señalar. Es como si a través de él también se mirara, y hay quien dice que con él se decide. El frenillo, donde el prepucio se junta con el glande (cabeza del pene), es una pielecilla muy sensible, y para algunos hombres una zona generadora de mucho placer.

Cuando los chicos entran en la adolescencia son habituales las competiciones para ver quién tiene el pene más grande. Lo mismo sucede en los vestuarios masculinos: ¿qué joven no ha mirado al de al lado con la intención de comparar el tamaño de su pene? Pues bien, no existe una medida estándar, del mismo modo en que su tamaño varía desde el estado de reposo al de erección. Generalmente, el tamaño de los penes que en reposo son muy grandes, no varía tanto cuando están erectos como lo hace el tamaño de los más pequeños. Otras veces, los chavales se comparan con los penes de hombres que aparecen en películas pornográficas, pensando que todo lo que allí ven ocurre también en la realidad. Debemos advertir aquí que depende de cómo se obtenga la imagen, se puede ver un tamaño de pene mucho más grande de lo que es en realidad. Existe mucha desinformación con relación al tamaño, y un gran número personas no vive plenamente su sexualidad por creencias erróneas, como que con un mayor tamaño se va a conseguir más placer o el hombre va a proporcionar una mayor satisfacción a la mujer.

Ambos, pene y vagina, son la simbología del sexo, órganos sobre los que se depositan demasiadas expectativas. Entiendo que la sociedad focaliza mucho la relación sexual en la penetración, y se ha vendido mucho esta idea. Quizás de ahí viene el problema al relacionar tamaño con placer, cuando sabemos que no es necesaria la penetración para conseguir placer.

Pero ambos están ahí para algo, y cumplen una función específica. Lo más importante para tener una relación sexual satisfactoria es tener confianza en uno mismo, ganas de divertirse y de descubrir cosas nuevas.

La sexualidad es un aspecto central en el ser humano, que va a estar presente a lo largo de toda su vida, e incluye sexo, orientación sexual, identidad, reproducción, intimidad y placer. La vivimos y expresamos en pensamientos y fantasías, y podemos vivir todo esto o solo parte de lo expuesto. Podemos pasar por etapas de mucha actividad sexual, y que nuestros pensamientos estén todo el día dándole vueltas a lo mismo, y otras temporadas en las que no tenemos ningunas ganas de tener sexo. Por eso está bien conocernos, ser conscientes lo que nos pasa en cada momento, darnos tiempo, y ver a qué es debida esa respuesta.

Es curiosa la relación que se establece en el *Kamasutra* entre los tamaños de penes y vaginas, donde se elabora una clasificación. La mujer cierva es de complexión menuda, y se dice que sus secreciones poseen el aroma del capullo de loto en floración. Su vagina es angosta y no muy profunda, por lo que su mejor pareja es un hombre liebre (alegre y de cuerpo delgado). La mujer yegua posee una vagina de tamaño mediano, y su vulva es plena y generosa. Se dice que es robusta de cuerpo y muy apasionada en la vida. Es de personalidad positiva y sensual. Su pareja ideal es el hombre toro (de contextura física mediana y temperamento fuerte y enérgico). La mujer elefante tiene huesos largos y un cuerpo más alto de lo normal. Es de actitud amable y agradable, y su tez puede ser algo rojiza. Su mejor pareja es el hombre tipo "semental", ya que es quien consigue darle más placer (un hombre de complexión musculosa, aventurero y valiente).

La naturaleza nos gratifica con el placer: seamos agradecidos

Si el sexo está en la naturaleza, en los animales, si nacemos con él y de él... ¡disfrutemos del sexo! ¡Hagamos uso de él! Solos o acompañados, da igual. El sexo nos pone en el presente, nos libera del estrés y nos deja un momento de absoluta satisfacción y plenitud. Nos recarga. Llevar una buena vida depende en parte de esta elección del placer, de escoger el placer, de vivirlo, de actuar. El placer como contrario al dolor, al sufrimiento, al estrés del día a día. Es más: como decía Platón, podemos asimilar lo placentero con lo bueno, con hacer el bien. Y, como afirma en su *República*, los placeres son procesos del alma. Quizás en ocasiones el placer haya evolucionado en nosotros como en Platón, de negar su identificación con el bien al reconocimiento de este como necesidad de esa "vida buena".

La cultura del placer y de la sensualidad es parte inherente de la personalidad. Tenemos derecho al placer sexual, incluyendo el autoerotismo como fuente de bienestar físico, mental y espiritual.

El placer tiene que ver con la armonía, porque está en la propia naturaleza. Volviendo a Platón, este filósofo nos dice que el cuerpo y la lira requieren de un buen ajuste para llegar a la armonía, y desde ahí al placer. El placer surge en una criatura viviente en cuanto escucha a sus sentidos, de una forma natural, y después, con ese recuerdo, queremos volver a evocarlo, a revivirlo, a sentirlo una y otra vez. Lo buscamos, algo que parece lógico y natural, y sobre todo sencillo, simple, nada complicado.

Cuando echamos un vistazo alrededor, ¿qué vemos? Orden, belleza, armonía... Todo ha sido creado para algo, con algún fin. Entonces, si el sexo ha sido creado también para algo, ¿no habrá que aprovecharlo? Observemos sin juicio, solo como seres que forman parte de la naturaleza, sin prejuicios, dejándonos llevar como si sobrevoláramos toda la creación, observándola, viendo cómo funciona y cómo unas partes interactúan con otras, como niños, con inocencia absoluta.

Ahora retrocede en el tiempo, y recuerda cuando tenías alrededor de once o doce años, o quizás alguno menos. Eres una mujer. Por un lado todavía te sientes jugando entre muñecas, y por otro con ganas de pintarte el ojo, de que los chicos te miren y deseando de que tus padres te dejen salir de su lado. Es probable que la menstruación no haya aparecido todavía en tu vida, pero seguro que tu cuerpo ya ha tenido alguna sensación placentera. Quizás debajo del ombligo, hacia dentro. Es como "de tripas", y puede recorrer desde los labios vaginales a la espalda, desplazándose hacia el clítoris, como un cosquilleo amplio, como algo que no quieres que se acabe, un calor que te inunda el cuerpo, solo placer, puro placer. Pero intentas reprimirlo, taparlo, no quieres que se te note, porque sientes cómo asciende el calor por la cara. Ni siquiera sabes qué es eso que te pasa. Es bonito hacer esta parada en el tiempo, te lo recomiendo. (Túmbate en la cama un rato en el que puedas permanecer sin que nadie te moleste, y rebobina. Remóntate hasta tus primeros recuerdos de experiencias sexuales; quizás este recuerdo te haga conectar con la inocencia del sexo y te haga revivir momentos que tenías olvidados).

Puede que no sepas lo que es. No sabes ni siquiera cómo ha podido suceder. Recuerdo que tuve esta primera sensación con una niña, una amiga. No tendríamos más de nueve o diez años; estábamos jugando a mamás y papás y fue con algún roce suyo. No fue buscado ni por ella ni por mí; ni siquiera estábamos jugando a tocarnos ni nada parecido. Por supuesto, nunca le conté a mi amiga lo que había sentido, porque seguimos jugando. Quizás era mi mente la que buscaba otros pensamientos. Esos son los primeros recuerdos que tengo de ese placer intenso; algo se estaba despertando en mí, y terminaría apareciendo en mi vida como un orgasmo. Esas sensaciones se fueron haciendo más habituales, incluso buscadas, especialmente en el baño de la casa de mis padres. Ahí había pestillo y podías explorar tu cuerpo sin que nadie te molestara, dando rienda suelta a tu imaginación. Es algo que haces en silencio, cuando estás a solas, aunque a veces te sorprende en mitad de una cena, en el cine (aquí es más llevadero, porque estás a oscuras), en el colegio, cuando estás por la noche en la cama y empiezas a observar tu cuerpo, a explorarlo, a recorrerlo. ¿Acaso alguien te enseñó estas sensaciones? No, estaban innatas en ti. Solo tenían que despertarse. Tú tenías que tomar conciencia de ellas, que observar tu cuerpo sin juicios, hasta que llegara un momento en el que... ¡zas! Ahí está el placer, puro placer, como un estallido, una explosión contenida que se expande por la columna hasta las extremidades, un momento en el que todo se para, en el que parece incluso que el corazón se parase, para a continuación empezar a latir con toda su fuerza. A partir de ahí quizás relaciones algunos comentarios que oyes a los mayores, entre risas, comentarios sobre la masturbación (que si es bueno, que si es malo, que si es mucho o que si es poco). Pero hasta ahí, naturaleza en estado puro, inocencia, todo correcto. Entonces te das cuenta de que a veces lo puedes producir tú, mientras otras parece que llega solo. Las hormonas todavía andan un poco descontroladas. Con tu imaginación, con tu mente, dejamos que entre y que sea partícipe para llevarte a esos lugares donde te encuentras tan bien, donde quieres disfrutar del placer que la naturaleza te ha otorgado, donde vas descubriendo las sensaciones y reacciones que tiene cada zona de cuerpo.

Algo más complicado son los primeros momentos de despertar sexual para el género masculino, pero difícil al fin y al cabo porque no dejamos que las cosas sucedan de forma natural y sencilla. Cuando los chicos sienten placer, el pene se pone erecto, aumentando su tamaño, y a la mayoría de ellos se les nota. Es difícil esconderlo o disimularlo, aunque el pene sea muy pequeño. A veces pueden desviarlo hacia un lado en el calzoncillo; si llevan un pantalón ancho o una chaqueta o abrigo que les pueda tapar la zona genital, quizá pueden tener más suerte. Con esas primeras erecciones que aparecen en su cuerpo de niño-joven empiezan a descubrir qué pasa y qué placentero es, pero en fin, es un poco más difícil de disimular.

Pues bien, ahora "rebobina". Eres un chaval con una edad comprendida entre los nueve y los trece años. En cada persona se despierta en un momento diferente, pero casi siempre sucede en este rango de edad (no quiero que nadie se sienta "raro" si le ocurrió antes o después). El primer paso para vivir una sexualidad plena es que lo que a cada uno le pase es siempre válido: no hay reglas ni estereotipos que destruyen la facultad innata de cada uno, y cada cual puede sentir placer de una manera. Un día sientes un calor en el pene, se te pone duro y tú no puedes hacer nada por volver aquello a su estado original. ¿Lo recuerdas? No lo podías controlar, era completamente involuntario. Empezabas a sentir placer. Otro día, al levantarte de la cama, la encontraras mojada. Quizá tu madre te regañó entonces, diciéndote: "¡No te vuelvas a tocar la cola!". Y tú sin saber qué es lo que te había pasado. Quizá ni siquiera eras consciente de haber tenido un sueño; o quizá sí lo tuviste, pero no lo recordabas. Ahí están tus primeros momentos de placer sexual, aunque es muy probable que con anterioridad ya lo hubieras experimentado y ahora no lo recuerdes. Te gusta lo que te ha ocurrido y vas a seguir buscándolo. Van a ser habituales las visitas al cuarto de baño, porque es la única habitación de la casa que tiene cerrojo y ahí nadie te molesta. Ahí te sientes libre para explorar tu cuerpo, descubrir que te encanta tocarte, que te produce un placer inmenso, que hay algo que acaba de aparecer en tu vida y que te va a tener distraído durante muchas horas a lo largo del día, durante los próximos años. Quizás el problema aparece cuando tu madre te descubre y te da un capón, diciéndote que eso es una guarrería, que te vas a poner malo o que te van a salir granos. Y entonces, ¿qué? ¿Lo dejas? Aquí vienen las primeros bloqueos que nos impiden vivir la sexualidad de forma plena. Alguien como nuestra madre, con autoridad para nosotros, nos dice que algo que para nosotros es natural y que ha surgido de forma espontánea –y que encima nos gusta un montón–, no es bueno para nuestro cuerpo, y que quizás nos haga enfermar si lo practicamos.

Sexo igual a inocencia

Todos estos descubrimientos o afloramientos ocurren de una forma inocente. Si recurrimos a la RAE para consultar las acepciones que nos propone de la palabra "inocencia", veremos que son como siempre claras y precisas. Nos dice en primer lugar que se trata de un "estado del alma limpia de culpa". La segunda acepción nos habla de una "exención de culpa en un delito o en una mala acción". Y por último la define como "candor, sencillez". Por lo tanto, si las aplicamos al sexo podemos concluir lo que para mí sería más importante, el punto de partida: **LA INOCENCIA DEL SEXO**. En efecto, se trata de un estado en el cual lo que practicas, piensas o sientes está limpio del culpa. ¡Cuántas tantas veces se nos ha querido vender lo contrario, sobre todo por parte de las religiones! ¿Somos capaces de vaciar nuestra mente de ideas preconcebidas? Si lo aplicamos al alma, no podemos haber transgredido por la Ley de Dios propia voluntad. Estamos ante actos sencillos, candorosos, que el propio crecimiento o la evolución hacen que se despierten, que se hagan vivientes en ti y tengan una función. Son actos que, por su simpleza, no necesitan añadidura ni casi explicación; puedes dejarte llevar y casi no haría falta que nadie te enseñara nada. Si nadie te dice que eso es malo, o que esto sí lo puedes hacer o esto no, se produciría un crecimiento adecuado. Me parece que estas creencias limitantes, de las que tan responsables son "las religiones de Libro", están todavía muy latentes en nuestra sociedad y tienen un peso considerable. Al margen de que practiquemos o no una religión, están en la sociedad y han calado en nuestro subconsciente de generación en generación. Por lo tanto, si mi comportamiento es inocente no tengo que ser eximido de ninguna acción culpable, de una mala acción, porque no la he cometido en realidad. Hemos sido los propios seres humanos los que hemos "creado" el concepto o la idea de lo que es el sexo y de cómo hay que practicarlo, y podemos seguir con estas ideas hasta la muerte sin que pase nada. O por el contrario podemos dar un salto a otra concepción más evolucionada y a la vez más sencilla de lo que es tener una relación sexual.

Tenemos un cuerpo; si le hacemos caso, veremos que está muy bien diseñado y que responde a estímulos externos e internos. Pero este placer ha sido objeto de censura desde el principio de los tiempos. ¿Por qué? ¿Con qué objetivo? ¿Para tener al ser humano sometido? ¿Para crearle una mala conciencia? ¿Para que no consiga una unión con el universo y con Dios? Creo que estamos muy confundidos, y si quieres ser libre y alcanzar el equilibrio contigo mismo y con todo lo que te rodea, ya es momento de cambiar y dejarte llevar, de dar rienda suelta a todo lo que sientes ahí dentro, a todo lo que te grita y no escuchas por que las creencias con las que has crecido son más fuertes, y actúan como un muro, bloqueando el acceso a todo lo que anhelas para obtener placer. La única línea que no hay que traspasar es no hacer daño a nadie; ese es el único límite. Todo lo demás es válido para disfrutar de tu cuerpo, ya sea solo, en pareja, en tríos, por la noche, durante la siesta, en la playa o en la montaña. Como quieras y donde quieras. La naturaleza te ha dotado de una cosa preciosa, de un camino a través del goce para que lo utilices, lo aproveches y... ¿quién sabe? Quizás también para algo más. Sería como si ahora tuviéramos que taparnos la nariz y no disfrutar de los aromas y perfumes, o dejar de comer y no poder disfrutar de la variedad de platos diferentes. Es como si te hicieran un regalo, y sin abrir el paquete lo rechazaras. Además, se trata de un regalo que está abierto a múltiples posibilidades. Tú decides cómo, cuándo y con quién. Tú lo creas, la naturaleza te lo da para que lo utilices. ¿No te parece?

Parece también que el modo en que hagamos uso de este placer se puede convertir en virtud o en adicción.

Hasta que conseguimos alcanzar una maduración, un crecimiento, nos daremos "atracones de sexo". Estamos empezando, y es tan placentero que... ¿cómo renunciar a un poco más? Pero creo que, como en otras facetas de la vida, más no es mejor, y nos puede terminar creando una dependencia enfermiza. Sería adecuado ir modulando, refinando este placer, que pueda ir creciendo con nosotros. Podemos ser vencidos por el placer, pero quien conoce y sabe llevar la medida justa, puede llevar lo que Platón describe como "buena vida".

Chico mira a chica, chica mira a chico (o chico a chico, o chica a chica...)

Una vez hemos descubierto que en nuestro cuerpo ocurre algo placentero, puede venir un momento, quizás pasados unos años –a cada persona le ocurre un día determinado–, que esa búsqueda de placer se comparta con otra persona.

Si nos centramos en la sexualidad compartida, vamos a ver cómo ocurre. Se desarrollan las siguientes fases:

Fase de atracción

Estoy en el colegio, en el instituto, en el campamento de verano, en la facultad o en la oficina –porque esta fase ocurre o puede ocurrir a cualquier edad–, y un compañero al que llevo viendo desde el primer día de curso, hoy me parece diferente. Es algo que ocurre de forma rápida, no sé cómo pasa. Me mira, le miro, nuestras miradas se cruzan y un calor intenso me sube por el cuerpo. Parece que Cupido ha lanzado una de sus flechas y ha dado en la diana. El corazón late más deprisa, necesito estar con esa persona, sueño con ella, mi pensamiento está ocupado todo el día con él. Si eres chico, es inevitable que te llamen la atención las tetas y el culo (son los símbolos de la sexualidad, de la nutrición, del erotismo) de alguna compañera. No es una regla general, pero es imposible luchar contra ello. No se trata de machismo ni es algo desagradable, aunque la chica se pueda sentir molesta por notar que las miradas de él se dirigen siempre al mismo sitio. Quizás no le resulte fácil encajarlo, pero si esta fase también se viera como algo natural, como una fase de crecimiento, ella no tendría que regañar o criticar al chico que le mira a las tetas, o considerar que es algo que está mal. De hecho, se trata de algo bello.

En esta fase te sientes como si fueras víctima de un hechizo. Solamente tienes ojos y pensamientos para esa persona que te ha atraído. Te llaman la atención sus labios; te gustaría besarlos. Su forma de andar, su olor... Esto quizás es lo más poderoso. El olor va directo a tu cerebro y es como un activador. No es una colonia, sino el olor característico de una persona, el olor de su piel, de su boca, de su transpiración, el que nos atrae o nos repele. Y cada persona tenemos nuestro gusto; es como un recuerdo de algo que nos hace sentir bien, como si con este reconocimiento identificáramos lo que puede encajar con nosotros. Además, aunque no seamos conscientes de ello, es en esta fase cuando esta persona elegida o por la que sentimos atracción nos puede dar hijos y podemos formar una familia con él o con ella. Funciona muy rápido. En ocasiones es el olor lo que nos atrae de una persona. No atiende a ninguna explicación, pero te puede hacer perder la cabeza. No siempre funciona de la misma manera: a veces ocurre de manera intempestiva y con solo ver a esa persona; en otras ocasiones es más lento, y puede llevar hasta años. A veces pensamos que ha sido la vista, pero hay estudios que demuestran que en realidad el olfato ha sido el responsable. Esto es debido a unas hormonas llamadas feromonas, relacionadas con la atracción y el placer. Estas hormonas son imperceptibles, llegan a nuestro cerebro a través del olfato y generan atracción o rechazo, tanto en el hombre como en la mujer, afectando a nuestro apetito sexual. Existen estudios científicos que han demostrado que el hombre se siente más atraído por la mujer cuando esta se encuentra en el momento de la ovulación. Esto es a causa de las hormonas que son segregadas, que despiertan en el hombre un mayor acercamiento porque es el momento en el que la mujer puede quedar embarazada. Ya en esta fase hay un gran placer, y nuestros sentidos están híperestimulados. Lo has sentido alguna vez, ¿verdad?

No sabemos bien, todavía a día de hoy, por qué sentimos atracción hacia una persona. Puede ser una atracción física, espiritual, emocional, intelectual... Es una fase corta, en la cual nos sentimos extasiados por la otra persona. Llegamos a idealizar las cualidades del otro, y a pesar de ser una fase corta, es de gran intensidad. Termina justo en el momento en que empezamos a ver la realidad; el otro nos empieza a parecer más normal, ya no están idealizadas sus cualidades.

El físico es bastante importante, lo que primero vemos de otra persona. No se trata únicamente de algo externo, sino que parte de su interior se refleja en el exterior. Es todo muy rápido, pero nuestro cerebro es capaz de percibir orden, limpieza, buen gusto por la ropa, cuidado... Todo esto, naturalmente, con relación a nuestros propios conceptos de "buen físico", que no son iguales para todos.

Parece ser que también existen estudios sobre el sudor de los hombres y la hormona que desprenden, que hace que se eleve en sus parejas el nivel de cortisol, relacionado con el placer.

El tono de la voz de una persona es también importante. ¡Cuántas veces una voz por teléfono nos ha parecido de lo más sensual, produciéndonos auténtica excitación, y cuando hemos visto a la persona no ha cumplido nuestras expectativas!

El carácter de una persona también tienen su lugar: su simpatía, su alegría, la forma en la que cuenta sus experiencias, en cómo vive la vida. Ocurre a veces que, en un principio, determinada persona no nos atrae lo más mínimo, pero una vez que la hemos conocido nos hemos sentido atraídos sexualmente por ella.

Con todos o algunos de estos ingredientes se produce la fase de atracción, en la que no intervenimos de una forma tan consciente como a veces creemos. Cuando hemos decido ir a conquistar a alguien, ya se han puesto en marcha con anterioridad mecanismos para que actuemos sobre esa persona. Por eso decidimos ir "a por ella" y no a por otra.

Fase de sensorialidad y sensualidad

Después de esa atracción, en la que "la presa" ya está identificada, ahora queremos saber si eso es recíproco. Digamos que este sería el momento de despliegue de las alas del pavo real. Quiero llamar la atención, que se fijen en mí, así que daré más luz a lo que creo que son mis mejores cualidades. Me arreglo el pelo, me pinto los ojos, me pongo aquel vestido que sé que me favorece, o esperaré a que pase la chica delante de mí para hacer el mejor regate o hacer un tiro triple en la canasta… Todos mis sentidos están despiertos para dar y recibir. Es como si se hubieran abierto las ventanas de la nariz, de los ojos, los oídos, la boca y la piel. Parece que se ha multiplicado la percepción sensorial. Me siento especialmente bien, quiero despertar mis cualidades para atraer al otro, voy a poner a funcionar las que creo que son mis mejores cualidades para atraer al otro, y la sensualidad va a hacer su aparición. Gestos, movimientos, formas de andar y de hablar, van a ir cargadas de sensualidad para conseguir que la presa caiga en la red. En fin, cada uno conoce sus cualidades...

Nuestro propio deseo se carga de intensidad, es más fuerte. En los encuentros no hay solo sexo, sino también ternura, intimidad; hay piel, caricias, sensualidad, miradas cómplices. Las caricias se extienden a todo el cuerpo, queremos oler al otro por todas partes, igual que hacerle el amor con todo el cuerpo, no solo con los genitales. Descubrir esas zonas no genitales, dedicarles su tiempo, parece que en esta fase es más fácil, puesto que los sentidos se abren y estamos más receptivos. El dar y recibir se multiplica.

En esta fase ocurre algo muy importante, que seguro reconoces en ti o te ha ocurrido: el beso. Sí, algo a lo que quizás no demos toda la importancia que tiene. Es el momento en que vas a darte cuenta y a tomar conciencia de si el otro y tú estáis hechos el uno para el otro. No me refiero a pasar juntos el resto de vuestra vida, sino sencillamente a si vuestros fluidos son compatibles. Es un intercambio de fluidos —el primero que se produce—, porque no debemos olvidar que el sexo es fundamentalmente eso: un intercambio de fluidos. Con el beso reconocemos la polaridad fisiológica, se pone en marcha un circuito. ¿Cuántas veces os ha ocurrido estar enamorado de alguien hasta las trancas, y en cuanto os dais el primer beso os deja de gustar? Pues sí, aquí los circuitos que se habían puesto en marcha se van a reconocer o no. Lo de abajo reconoce lo de arriba, y puede que se abra la puerta a la siguiente fase, o que por el contrario quede cerrada para siempre. La saliva tiene sus propias enzimas de reconocimiento de lo que es afín y de lo que no, y todos estos "protocolos" es necesario que se den. En cada persona tienen un tiempo, a modo de reconocimiento. Si no son respetados se genera violencia, y generalmente estos "protocolos" los va marcando la mujer. Ella va abriendo las puertas. ¡Qué bonito! ¿No?

Fase de... Y el amor

Bueno llegados aquí, ¿cómo continúa el cuento? Para mí, todas las fases descritas hasta aquí son sexualidad. Dependiendo del momento de nuestra vida, de nuestro crecimiento, cada persona lo vivirá de una manera y querrá obtener unos resultados diferentes, aun sin dejar de ser un juego. Aquí llegaría el acto sexual propiamente dicho. Lo que me parece importante es que la fase de sensorialidad no termine, sino que se siga fomentando. No se debe perder por no encontrarnos en la fase de enamoramiento, pues con ella nuestra vida sexual será más rica y plena. Me encuentro frente a otra persona. ¿Qué es lo que quiero? Obtener placer. Quiero disfrutar. También me gustaría que la otra persona disfrutara, pero a ese respecto poco puedo hacer. Cada uno es responsable de sí mismo. Si la otra persona quiere decirme lo que le apetece, yo podré facilitarle ese placer siempre que yo quiera acceder a lo que me pide y entre dentro de lo que para mí está permitido o me hace bien. Pero el placer lo busco yo solo, y soy yo quien establezco mis mecanismos para conseguir un orgasmo, para disfrutar, para alargar el momento o hacerlo rápido. Y una vez aquí, ¿qué hacemos? Besos, quitarle la ropa, que me la quite a mí... Más besos por el cuerpo, por el cuello, y sigo quitándole la ropa. En este ambiente la temperatura y la excitación irá subiendo. Cada uno tenemos nuestro tiempo, no hay reglas, no hay mejor o peor, tenemos que hacer lo que a cada uno nos apetezca en cada momento. Seguimos tocándonos el cuerpo; a cada uno nos excita tocar una parte del cuerpo: los pechos, el pene, la vagina... Igualmente ocurre con chupar, lamer, etc. Todos los verbos que están en tú cabeza sirven, sí a ti te dan placer y a la otra persona también. Y llegará el momento del clímax. Cada uno lo obtendrá en un momento determinado. Ambos no tienen por qué coincidir; eso es algo que aparece en las películas, pero no resulta tan fácil. Más que nada porque te hace estar pendiente del otro, y esto te hace reducir el placer, impidiendo que te dejes llevar, que es de lo que se trata. El sexo es fluir, abandonarse.

Y ahora llegan las controversias. ¿Primero hay amor o el amor viene después del sexo? Yo creo que el amor es algo mucho más grande que el sexo, y que el sexo está contenido dentro del amor. Pero en esas primeras fases que hemos descrito todavía no hay amor, aunque haya aturdimiento o enamoramiento. Quizás ahora llegue lo más difícil y lo más bonito, cuando queremos construir algo duradero. Se ha plantado una semilla, y ahora toca regarla para que dé los frutos. En esta etapa hay que trabajar, la relación no crece sola. Tenemos cada uno que seguir creciendo de forma individual para que así la pareja se vea nutrida. Es muy importante no dejar de prestar cada uno atención a sus necesidades en todas las facetas de su vida, y respetar los momentos del otro. Necesita la maduración y el aporte de las dos partes para que funcione y sea nutricia para los dos. Creo que es importante sentirnos libres para que la relación crezca.

¿Y después?

Para cada persona esta fase tiene una duración diferente. Llega un momento en que la relación se puede ir afianzando, creciendo, y con ella la sexualidad. O puede que no, que el encuentro con el otro sea únicamente para practicar sexo y ya está. Son dos caminos diferentes, pero igualmente válidos; cada uno decide. En el primer caso nos vamos conociendo el uno al otro, nuestras reacciones, cuál es el momento que nos gusta más para practicar sexo, con que estímulos reaccionamos más, que palabras nos gustan y encienden esa chispa, ese motor con el que damos comienzo al sexo. Un beso, una caricia, una mirada… Existe un compromiso, no exactamente de futuro, sino de presente; ahora nos gustamos, el sexo funciona, nos compenetramos y recorremos parte del camino juntos. Decidimos crear una relación. Ahora existe energéticamente una relación que necesita del crecimiento individual de cada uno para que florezca. De momento, la pareja ha decidido que no va a tener relaciones con otras personas, porque con quién están es con quien se complementan y quieren apostar con todo por esta relación. O puede ser que la relación que mantengas sea abierta, en la que está la pareja principal, y ambos miembros tengan libertad para poder mantener encuentros sexuales con otras personas.

Otra opción es que todo termine después de la relación sexual. Es probable que ninguna de las partes quiera nada más, solamente ese encuentro en el que dan rienda suelta a su sexualidad, al placer. Quizás queden para algún otro encuentro, o vayan a buscar otra pareja diferente con la que satisfacer su necesidad sexual.

¿Orgasmo y nada más que orgasmo?: Sexo y eros

Practicar sexo para obtener un orgasmo es quedarnos cortos. Sinceramente, creo que el sexo es mucho más amplio. En realidad lo primero es como una limpieza; necesitamos limpiarnos, vaciarnos, dejar que todo salga de nosotros por medio de los fluidos. Todo lo que ha estado contenido tiene que salir, energía en estado puro, una explosión. Pero, ¿nada más un momento de placer? ¿Y toda ese energía que se libera, vamos a dejar que se desperdicie sin más?

Eros, en la mitología griega, era el dios de la atracción sexual, el amor y el deseo, pero entendido como una dualidad; todo enamorado sabe que el amor tiene su lado trágico. Digamos que actúa como el propio equilibrio. Originariamente, Eros era concebido como el amor entre hombres. La más extendida forma de relación homosexual se daba entre hombres maduros y adolescentes. La sociedad griega no distinguía el deseo o comportamiento sexual por el sexo biológico de quienes participaran, sino por cuánto se adaptaba dicho deseo o comportamiento a las normas sociales. Hasta entre los soldados se fomentaba esta unión homosexual, porque así los lazos eran más estrechos y se fomentaba el espíritu de combate en tiempos de guerra.

Por otro lado, el amor lésbico también se describía en numerosas poesías. Muchos expertos han mostrado que las relaciones sexuales entre personas del mismo sexo eran practicadas de manera abierta, en gran medida con permiso oficial, en muchas áreas de la vida desde el siglo VII a.C. hasta la era de la antigua Roma.

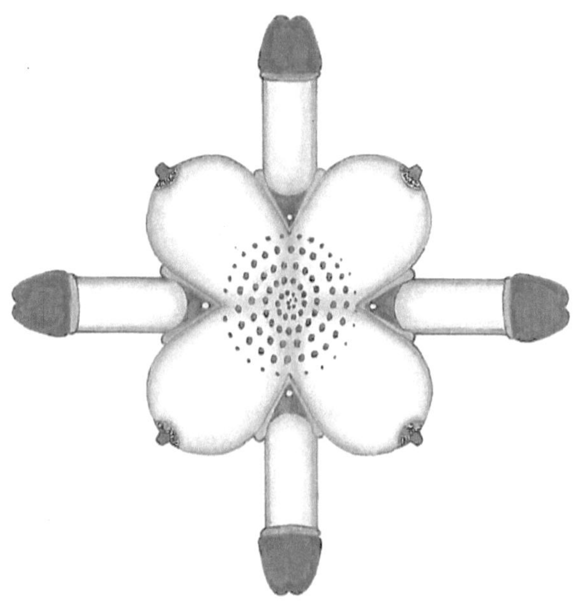

Lo mínimo que tiene que existir es una atracción, que alguien nos guste o nos atraiga del otro. Llegados a este punto, cada uno tendrá su propia versión. En Grecia existe un relato que resuena en mi interior: Eros, hijo de Afrodita y de Ares, se convirtió en ayudante de la diosa, y dirigiendo la fuerza primordial del amor, la llevaba a los mortales. Pero no basta con esa fuerza del amor en su sentido más amplio; tiene que existir un deseo sexual, y aquí aparece Hímero, el hermano de Eros. Hímero representa ese deseo sexual, englobado dentro del amor. Su otro hermano, Anteros, era la personificación del amor correspondido.

Cuando se dan estas "tres deidades" o capacidades, se produce una verdadera alquimia. Se puede decir que estamos en el paraíso, que hemos hecho diana, "pleno". Podemos vivir sin conocerlo, o quizás se nos ofrezca solo por unos días, unos meses o unos años, pero quien tiene la dicha de encontrar este cóctel en su vida, encuentra un gran tesoro. Es el momento en el que todo interactúa: placer, excitación, orgasmo, vinculación afectiva (sentir, amar, enamorarse) y género (sentirse masculino o femenino).

Dándole una vuelta a esta comprensión y ampliando la mirada, puedo atreverme a decir que el principio "eros" está en lo femenino, lo cual no quiere decir que esté presente exclusivamente en la mujer. Hay hombres que tienen este principio activado, y además hacen uso de él. Para ella quizás es más fácil acceder a él, siempre y cuando sea una mujer con una visión elevada, pues es ella quien lleva en sí misma las funciones de crecimiento, nutrición y desarrollo. Ella es la portadora de la continuidad de la vida. La mujer que vive en este estado tiene un gran poder, y quizás sea a través de ella desde donde aparezca el gran cambio en la sexualidad, en el mundo, en el amor. Todo lo que lleva aparejado "eros" ha estado cerrado, oprimido, y tiene que florecer por todo el mundo con fuerza, haciendo desaparecer miedos, violencia y opresión, que es lo que siglo tras siglo se ha venido generando con la energía masculina (no por ser masculina es exclusiva del hombre) generadora de guerras, separación y desunión. La mujer tiene –tenemos– una gran responsabilidad ante el futuro, para actuar desde ese "eros", esa sensibilidad, esa justicia, esa inteligencia, para dar prioridad a los códigos que el ser humano necesita y ha olvidado.

Eros es un principio más grande. Practicar sexo es fácil: te desnudas y ahí tienes todo a tu alcance. Pero hacer el amor (Eros) lleva también implícito desnudar tu alma, que exista una conexión entre las almas. Con el sexo matas el placer de forma muy rápida, pero cuando das un paso más allá para conocer el todo del otro y mostrar el tuyo, Eros se manifiesta. Entonces se camina hacia un lugar de libertad donde cada uno vive como quiere esa sexualidad.

El organo sexual más importante que todos poseemos: el cerebro

El sexo se inicia en la mente, en los pensamientos que tenemos sobre el sexo. Por esa razón cultívala, riégala con pensamientos con los que disfrutas, déjate llevar al mundo de *Las Mil y Una Noches*, igual que hizo Scheherezade con su imaginación. Con sus cuentos y como concubina del rey, tuvo que dejarse llevar a reinos jamás explorados para que el sultán no la matara. Fantasías, juegos, roles y palabras nos permitirán disfrutar más de nuestro cuerpo. El órgano sexual más importante que poseemos es el cerebro, y sin él no tendríamos excitación. La mayoría de las personas cometen el error de considerar que la sexualidad radica en sus zonas erógenas y genitales. El deseo sexual se genera en el hipotálamo, y él libera la dopamina, causante del placer orgásmico. Lo mismo ocurre cuando tenemos sueños eróticos durante la fase en la que vamos a dormir. Aquí nuestro cerebro no para aunque apaguemos la luz con la intención de descansar. En los hombres, el tener una eyaculación nocturna no tiene por que ir asociado a un orgasmo causado por un sueño erótico, sino que a veces se produce por una acumulación de semen. Suele producirse durante la adolescencia, cuando mayor actividad hormonal existe y el hombre despierta a la actividad sexual. Generalmente esto desaparece cuando el hombre pasa a la edad madura. Por lo tanto, cuando se produce durante la edad adulta, sí que va asociado a un sueño erótico. Hay personas que han descrito los sueños eróticos como mucho más placenteros que el sexo que se experimenta en la vida real. Durante el día estamos viviendo cantidad de impactos emocionales muy intensos y placenteros de los que apenas somos conscientes, o si lo somos lo ocultamos. Esto hace que por la noche puedas experimentar estas sensaciones, cuando no puedes controlar lo que ocurre en ti ni tus reacciones. Muchas veces, los sueños, sobre todo cuando se repiten, nos muestran algo que no queremos ver; cuando son eróticos, quizás nos estén hablando de cómo estamos viviendo nuestra sexualidad, de cómo está en este momento nuestra sexualidad con nuestra pareja, o incluso de si hay alguien de nuestro entorno por quien nos sentimos atraídos, cuya negación hace que aparezca en sueños y de forma repetida.

Por otro lado, el cerebro es el encargado de aprender, y podemos enseñarle qué parte de nuestro cuerpo queremos que sea erógena, y que además pueda interpretar la estimulación de esa zona como excitante. De él depende lo que es excitante y lo que no. Tenemos más capacidad de intervenir en la respuesta sexual de lo que creemos, con lo cual parece que no es tan importante el tamaño del pene o de los pechos… En el cerebro se producen los estímulos dirigidos a las demás partes del cuerpo, para después acabar teniendo un orgasmo. De la misma manera, somos capaces de tener un orgasmo sin tocar una sola parte de nuestro cuerpo, solamente con una película que nos montemos en nuestra mente –la que a cada uno nos guste–. En ocasiones, el placer obtenido de este modo supera a un contacto directo. Digamos que mientras estamos manteniendo una relación sexual, una parte de nuestro cerebro nos está hablando y nos cuenta una historia que es la que "nos pone a cien". Eso no quiere decir que no sintamos atracción por la persona que está a nuestro lado, o que sus caricias no nos estimulen lo suficiente, sino que nuestro cerebro manda. Él es el que mira y el que inventa lo que tiene delante. Cuando estamos siendo acariciados o nosotros acariciamos, nuestro cerebro nos cuenta algo, y utiliza un lenguaje diferente al cotidiano. De hecho, existen palabras que surgen en los momentos sexuales, y que a cada uno nos excitan más o menos. Incluso palabras que utilizadas fuera de esos momentos nos pueden resultar fuertes o mal sonantes, utilizadas durante el acto sexual nos proporcionan una mayor excitación.

Usa tu imaginación

Cuando nos describimos esa caricia de tal forma que nos produce placer, nuestra libido asciende, con lo cual están de enhorabuena aquellos que dicen que su libido está baja o que han perdido todo interés por el sexo. ¡Pon a funcionar a tu imaginación! Ya no tienen escapatoria: lo que tú te cuentes sobre esas caricias, besos o penetraciones, y cómo te lo cuentes, va a generar tu propio placer. Desecha esa pereza, que con los ajetreos de vida que llevamos hoy tenemos tendencia a dejarlo todo para el último momento del día. Llegado ese momento, más que no tener deseo o que la libido esté baja, es que ya no tenemos mucha energía para emplearla en "montarnos esa película en nuestro cerebro" con el fin de conseguir excitación suficiente y tener una relación. Quizás algo rapidito, y mejor si estoy yo sola. Así no tengo que buscar mi placer mientras trato de que lo consiga también el otro. La excitación puede ir cambiando a lo largo de los años. En la juventud, cuando se despierta, es muy rápido conseguir ese orgasmo. A medida que va pasando el tiempo, con los años va variando, pero de nosotros depende que no desaparezca. Si seguimos dedicando el tiempo suficiente y las ganas para crear con el pensamiento situaciones nuevas, el sexo nos acompañará hasta el final de nuestros días.

Los cerebros de hombres y mujeres son diferentes, de ahí que los comportamientos en materia sexual también lo sean. Los testículos en los fetos producen hormonas que "masculinizan los cerebros". Comportamientos como la agresividad o un mayor deseo por la pornografía son características más masculinas, aunque parece que el comportamiento a la hora de enamorarse, obtiene la misma respuesta en el cerebro masculino y en el femenino. Asocia estímulos sensoriales con emociones, anticipa los placeres del amor, colorea la vida erótica y emocional con sueños, imagina situaciones o personas con las que compartir esos momentos de intimidad, aunque no lleguen a ocurrir.

El cerebro de una persona enamorada contiene grandes cantidades de feniletinamina (compuesto orgánico de la familia de las anfetaminas), y su producción en el cerebro puede desencadenarse por un intercambio de miradas, un roce, oír la voz de la persona amada... Esta sustancia se segrega aproximadamente durante dos años, desde el momento en que ocurre un enamoramiento. Después de este tiempo aparece la oxitocina, que interviene a su vez en la producción de prolactina, que trae un descenso del sistema dopaminérgico y un descenso de la libido sexual. Así, al comprender cómo funcionan estas reacciones químicas, podemos entender nuestro mayor o menor deseo sexual en un momento determinado, o cómo pasados de dos a cuatro años hay relaciones que terminan si no se han estructurado sobre otros cimientos. La oxitocina está relacionada con procesos maternales y paternales, como la afectividad y la ternura, y parece relacionarse con la monogamia. Influye en el enamoramiento, en el parto, en la lactancia y en el orgasmo. Succionar los pezones y la estimulación de los genitales facilitan su liberación. Por su parte, el clímax sexual permite que esta hormona fluya, así que practiquemos el sexo porque parece que los beneficios son considerables.

Sexo aburrido frente a sexo creativo: la inteligencia sexual

¿La cantidad de orgasmos? ¿El número de parejas? ¿Qué es lo normal? ¿Unos atributos sexuales de escándalo? Parece que ninguna de estas preguntas nos lleva por un camino acertado hacia una inteligencia sexual. Déjate fluir, usa tu imaginación, escucha tu cuerpo y recuerda que el sexo es inocente. Comunícate sinceramente con tu pareja, pero sobre todo convéncete de que el sexo es sano y bueno. Muchas veces la sexualidad la relacionamos con unos instintos básicos o primarios más que con una inteligencia. Es como si no hubiera que poner nada de nuestra parte para conseguir una plenitud sexual, como si nos cayera del cielo. O la tienes o no la tienes. Pero esto no funciona así. Estamos de enhorabuena, porque… ¡podemos potenciar nuestra inteligencia sexual! Es algo a lo que podemos aspirar, pero eso sí, requiere trabajo. Este camino no va de cambiar nuestro físico, volvernos más seductores o aplicar unas técnicas aprendidas, sino que aquí lo fundamental es conocernos y liberarnos del miedo y de la culpa.

Todavía a día de hoy, incluso en nuestro país —para qué ir más lejos—, son muchas las personas que no viven de forma satisfactoria su sexualidad. Todavía hay ciertos temas que son tabú, continúa existiendo falta de comunicación, incapacidad para expresar lo que deseamos entre la pareja, entre padres e hijos, represión y creencias erróneas en torno al sexo… Hay una frase que dice que el buen amante no nace, sino que se hace. Nadie nace sabiendo, aunque sí puede escucharse a sí mismo. Todos hemos necesitado aprender, explorar, equivocarnos y acertar, y sobre todo, crecer. Es importante tener algunas cuestiones en cuenta.

Educación sexual

Acceder a libros, conocer tu cuerpo, el del otro, escuchar tus deseos y tener una actitud positiva, de aprendizaje, no con censura sino con mente abierta. No mantenernos fieles a las ideas sobre el sexo que andan circulando por ahí, sino reflexionar sobre ellas. En casa, con los hijos, intentando no juzgar, sino aportando a un "fondo común" lo que cada uno sabe, y cómo va apareciendo en la vida, de forma natural. Se debe hacer hincapié en la capacidad para decidir, y estar atentos a cuando actuamos bajo presión. Darnos cuenta de que el ser humano, con toda su complejidad, tiene necesidades básicas como afecto, intimidad, deseo de contacto. La educación sexual sigue siendo una lacra en nuestro sistema educativo. Se trata de abrir los ojos y ponernos ante la realidad. Muchas veces los chavales acceden al sexo a través de la pornografía en lugar de hacerlo a través del afecto. Poder hablar de unas relaciones sexuales responsables depende en primer lugar de los padres, y en segundo lugar de la sociedad. No creo que el tema debiera abordarse como una asignatura, sino de modo que en el día a día, nuestros pequeños pudieran buscar un espacio de diálogo y sobre todo de confianza, de ver la dinámica de los padres ante la sexualidad, para que ellos, a través de su propia observación, llegaran a vivir la sexualidad como algo responsable, sano y placentero.

Conocer tu cuerpo

Déjate fluir sin miedos y sin creencias preconcebidas sobre lo que te gusta, sobre dónde se esconde el placer en tu cuerpo; permítete que salga toda tu creatividad, ese silencio donde solo habla tu verdadero ser, el que contiene toda la información. En el terreno sexual también se aprende, y todos lo poseemos de forma innata, sin creencias de fuera. Escúchalo. Conoce tus deseos, tus fantasías, tus sentimientos. No temas expresarlos para obtener placer y, por supuesto, sé sincero contigo mismo; los autoengaños provocan mucho dolor. Si es necesario, habla con algún especialista en caso de que haya algo que te preocupe. Quizás te des cuenta de que es más habitual de lo que crees, o por lo menos que no es "malo". Desechar toda duda o miedo, o poner una creencia que pensamos que no es adecuada en manos de un profesional o de alguien con quién tengamos confianza, nos hará vivir una sexualidad más plena.

Obsérvate, mira tu cuerpo, coge un espejo si eres mujer y observa tus genitales. Cada mujer tiene unos genitales diferentes; es como una cara, ninguna es igual. Lamentablemente, nos apartamos de nuestro cuerpo, no tenemos conciencia de él, no lo exploramos, y pareciera que lo dejáramos en manos de otros. Atrévete a explorarlo.

— Conexión sexual. Una parte del sexo se vive en pareja, con lo que es importante que se dé en sintonía con el otro, con sus gustos y las necesidades. También es importante que lo que estamos dispuestos a hacer por el otro esté en equilibrio con nuestros deseos.
— Podríamos describir así los rasgos que caracterizan a una persona sexualmente inteligente:
— Habla abiertamente de cualquier tema relacionado con la sexualidad.
— Es capaz de disfrutar de su sexualidad sin sentirse culpable, pues sabe que forma parte de su crecimiento, de su bienestar y de su integridad como persona.
— Se ocupa del bienestar y de la satisfacción de su pareja, y sabe que si su pareja crece sexualmente, él también lo hará.
— No es necesario que el fin de una relación sexual sea obtener un orgasmo o que haya penetración. Debe haber algo más, incluidas caricias, lenguaje, risas... Ampliar las expectativas, la mirada, no centrarnos en el sexo genital.
— Tener sentido del humor y saber reírse primero de uno mismo. Es fundamental en esta faceta de la vida —como en todas—, poder estar hasta el día de nuestra muerte aprendiendo, y como en todo aprendizaje se pueden cometer fallos. ¿Y qué? Ese es el momento de la carcajada, porque si nos reímos y le quitamos impor-

tancia a lo que nos haya pasado, sin buscar culpables, tendremos ganas de seguir explorando nuevas ideas.

— No necesitamos compararnos con nadie. Creo que en el tema de la sexualidad es donde menos sinceros somos. Se trata de algo que solamente atañe a las personas involucradas. Si son dos, ellos son los que deben de estar conformes e ir afianzando la relación y creciendo. Poco importa lo que nos cuenten nuestros amigos acerca de las veces que tienen sexo y de cómo lo practican. Es un tema en el que solemos exagerar, e incluso mentir. Existe la creencia cultural de que más es mejor. Por lo tanto prepárate, busca buenas fuentes de información e incluso ponte en manos de buenos profesionales, salvo que tengas amigos con una relación sincera de verdad.

Todo esto no se consigue de la noche a la mañana, pero en nuestra mano está el querer un cambio y tener las ideas claras. **Si queremos un cambio, tendremos que hacer cosas diferentes.**

Parece que se acerca el momento en el que la chispa, el deseo, van a desaparecer. ¿Y ahora qué hacemos? En realidad, ese momento no tiene forzosamente por qué llegar, pero si llega tampoco tiene porque ser el desastre. Quizás algo tiene que cambiar. Creo que es fundamental no practicar el sexo "solo los sábados" o "solo en las siestas". Con esto quiero referirme de forma simbólica a no dejarnos llevar por reglas establecidas en la pareja. Por ejemplo, cuando llegan los niños a una casa, la pareja se vuelve un poco monótona. Tenemos poco tiempo, llegamos cansados a esos momentos que quedan para la pareja. Bien, esto tiene que sonar como una alarma para ponernos manos a la obra. Es decir, buscar amigos, tíos o abuelos que se queden con ellos y podamos tener nuestros ratos. No precisamente para hablar, sino para tener relaciones sexuales como cuando no estaban esos seres pequeños –o ya no tan pequeños– por la casa, y podíamos ir desnudos por nuestro hogar, quitándonos la ropa de habitación en habitación para terminar copulando en la mesa de la cocina (o algo equivalente, según la fantasía de cada uno). Lo importante es darse cuenta de que esto está pasando y ponerle remedio cuanto antes, no dejar que la pereza y esos orgasmos rápidos de última hora de la noche, que casi son más un alivio que un disfrute, se instalen en nosotros, porque nos van dejando un regustillo rancio al que luego es difícil dar un sabor dulce. Habrá que hacer un esfuerzo. A veces, con las jornadas maratonianas que llevamos (madrugón, preparar niños, trabajo, compra, baños, cenas… y así uno y otro día) no estamos para pensar en el sexo, pero se trata de nuestro bienestar, y del de la pareja. Bastará con que alguien de vuestra confianza se los pueda llevar (abuelos, canguro, tíos, amigos...) y os preparéis una cenita agradable, os pongáis ropa con la que os sintáis atractivos, *sexys*, un poquito de maquillaje, esa colonia que nos hace sentirnos como Charlize Theron y… lo demás viene casi solo.

Hay lugares que quizás no sean los adecuados para tener una relación, pero son la antesala para aumentar esa libido en nuestro cuerpo que nos hace sentir tan bien. ¿Un cine, por ejemplo? Podemos hacernos las caricias más atrevidas, sabiendo que allí no vamos a llegar al orgasmo... o sí. Pero en cualquier caso, se trata de algo es muy placentero. Saber que tienes que aguantar esas ganas que tienes, hacen que estas sean mayores. Os animo a que lo probéis, si no lo habéis hecho ya.

Las playas nudistas... el sol... tu cuerpo... Se trata de un auténtico regalo de la naturaleza. Hay algunas en las que no hay nadie, o eso crees... Merece la pena dejarse perder por alguno de esos lugares, dejar que el sol te llegue a todo el cuerpo, la espalda, las nalgas, los genitales, los pechos… Ese calor, literalmente, enciende el tuyo. La sensación de las caricias se multiplican. Es como si dijeras: "¿Pero qué me estoy perdiendo el resto del año?". Tu pareja te empieza a tocar, le besas, él te empieza a besar la espalda… De momento únicamente en tu imaginación –no necesitas dar ningún espectáculo en la playa–, pero es un auténtico placer descubrir las sensaciones que produce el sol en tu cuerpo desnudo, el modo en que activa tus ganas sexuales. Esto es debido a que, tomado con moderación, el sol aumenta tus niveles de testosterona en la sangre, y esta hormona es la responsable de despertar tu apetito sexual. De ahí que en verano nos apetezca más practicar el sexo. Incluso en los animales, la aparición de la época de apareamiento está condicionada por las horas de sol, y aunque el ser humano no posee una "época de celo" como otras especies animales, se ha visto que el esperma masculino es más rico en espermatozoides durante la época estival. Igualmente la vitamina D, que se obtiene por la exposición al sol, favorece el aumento en la secreción de endorfinas, las cuales generan un incremento de la libido en el ser humano, incrementan el deseo; te ves bien y buscas el contacto con el otro.

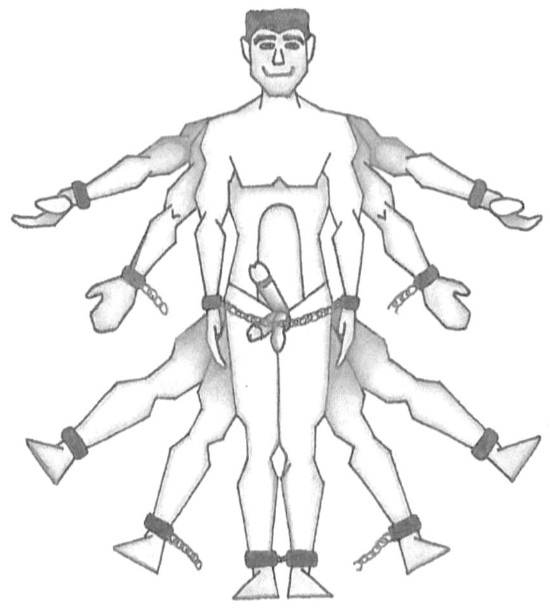

Creo que en lo que a apetencias o preferencias sexuales se refiere, es importante escuchar a nuestro cerebro cuando estamos solos, porque quizás cuando estemos de frente a nuestra pareja nos quedamos en blanco. Observa pues tu pensamiento, y recuerda qué es lo que pasa por tu mente cuando estás solo, fíjate cómo reacciona tu cuerpo cuando tienes un determinado pensamiento erótico, lo que te gusta, qué es lo que te produce más placer.

La energía de la sexualidad

Es importante tratar el tema de la energía sexual, aunque luego cada uno, como siempre, pueda pensar y actuar como le parezca. Uno de los lazos más fuertes que existen es el de la energía sexual. Por eso, utilizarla de forma correcta y ser conscientes de cómo utilizan la nuestra es muy importante para poder sentirnos plenos y con energía vital en el resto de tareas de nuestro día a día; esta energía está relacionada de forma directa con nuestro bienestar físico, mental y espiritual, con nuestra creatividad y con fluir con el universo.

Esta energía se crea en el momento en que entramos en contacto sexual con otra persona. Es como si dejáramos abiertas las puertas de nuestros centros energéticos para dejar entrar la energía de nuestro compañero o compañera sexual, mientras que la otra persona se va a llenar de nuestra energía. Por otro lado, aunque de forma menos perceptible, intervienen otras energías que pueda haber alrededor, dependiendo de cómo estemos nosotros. Por eso resulta tan importante con quién mantenemos relaciones sexuales y hasta dónde estamos dispuestos a dar y a recibir lo que el otro nos da. Vamos a entrar en contacto con los espacios más íntimos y sagrados de otro ser, y él o ella va a entrar en los nuestros. Desde ese momento y hasta que se termine el acto sexual, la energía va a ser una, diferente de la suma de las dos energías de los participantes. Si las dos personas que se reúnen acceden con un mismo nivel energético, de conciencia, con una misma intención, esa energía que se va a crear resultará beneficiosa para las dos partes. Les va a llenar, a nutrir, es un alimento; al mismo tiempo, les va a unir o poner en contacto con la energía del Universo. Los dos se van a sentir alimentados por ese cuerpo energético creado que, después del encuentro sexual, se mantiene durante un tiempo y te hace vivir de manera más fácil, con una energía que alimenta el corazón y el cerebro. Esta energía no tiene nada que ver con los sentimientos o las emociones, los cuales también forman parte del mundo.

Rompe las cadenas

La mujer, de forma individual, necesita acceder a un nivel energético más consciente, a un plano en el que puede y debe conectarse a una red universal de energía sexual. Allí ya se encuentran otras mujeres esperando a que el resto lleguemos, allí se encuentra toda la información ancestral relativa a la sexualidad y al poder sexual de la mujer, a la creatividad que es capaz de surgir y de renovar el mundo cuando nos conectamos con esta información y vivamos desde esta sexualidad. Es una energía que ha sido reprimida y silenciada, pero que ahora está llegando a su cénit. Durante generaciones, por miedo, en muchas ocasiones personas del sexo opuesto han pensado que iban a ser sometidos y "mal llevados" por la mujer. Este plano no tiene que ver con un orgasmo —aunque se produce, y es más poderoso si se sabe utilizar y acceder a él—:

se trata de vivir las veinticuatro horas del día ahí. Recuperarlo depende de todas y cada una de nosotras, de tomar conciencia de nuestro cuerpo, de cómo nos habla en términos sexuales y qué información nos da esa red energética, para desde aquí llevar al hombre al cambio que tiene que experimentar en su sexualidad. Muchos hombres ya se encuentran allí, y son ellos los que en ocasiones llevan a las mujeres a poder encontrar el punto de acceso a esa red. En otras ocasiones, las mujeres, como prostitutas energéticas ("prostitutas", bello término, la mayoría de las veces comprendido en un sentido peyorativo), llevan al hombre al cambio, a que su energía sexual pase por el corazón. Si esta última frase eres capaz de entenderla en su sentido más amplio, eso significa que, seas hombre o mujer, ya estás conectado a esa red, ya has iniciado el cambio. Si no seguirás atado a viejos conceptos, a fuertes cadenas, a esas cadenas de San Jorge veneradas en El Cairo, usadas por las mujeres para que les transfiera su magia. ¿A qué magia se referirán? Las cadenas, ¿qué simbolizan? ¿Y por qué habla de la mujer? La leyenda cuenta cómo San Jorge rescató a una princesa, liberándola de las cadenas que la mantenían atada, prisionera del mundo material. Puede ser un bonito cuento si queremos darle una lectura simbólica, analizándolo desde una perspectiva un poco más amplia. La mujer se encuentra atada por unas cadenas que la impiden avanzar, crecer; está atada sexualmente de pies y manos, y necesita recuperar su confianza, su poder, liberarse de ellas para que nada le ate, y poder así alcanzar la libertad sexual y vivir en plenitud, con una energía sexual capaz de producir cambios en las personas que la rodean. Quizás este momento ya no esté tan lejos. Tengo alguna amiga a la que ya "huelo" en este estado. Estas palabras necesitan interpretarse desde un plano elevado. Yo sé que va a ser leído de ese modo por muchas mujeres, así como por hombres curiosos y ávidos de recuperar el tiempo perdido. Estoy hablando de algo muy importante que quizás merecería otro libro, otro capítulo, quién sabe. Se trata de poner las cosas, por fin, en el lugar en el que tienen que estar. De que la mujer sea la reina del cielo, la creadora, como Nut en el antiguo Egipto: el cielo, con todas las estrellas y constelaciones representadas en su cuerpo. Nut es la bóveda celeste, y la información que la mujer debe de tomar está allí, en su cuerpo y en el cielo. Nut es la que parió a los dioses. Geb, por otro lado, que simboliza al hombre, está tumbado bajo la bóveda celeste, bajo Nut. Entre ellos, el vacío. Los egipcios sabían que el sexo estaba en el origen de la vida. Cielo y tierra, en cierto modo tienen "problemas de pareja"; digamos que para que la tierra dé sus frutos, el cielo y la tierra deben permanecer separados y crear ese vacío. En numerosos textos encontramos que hay que evitar que el cielo y la tierra se junten, si no queremos que se produzca el cataclismo.

Por otra parte, ¿qué ocurre cuando los niveles energéticos de los participantes no están equilibrados o en un nivel similar? Pueden suceder varias cosas. Si las dos personas tienen un nivel energético muy bajo, pero con intenciones y sentimientos positivos del uno hacia el otro, con esto les resulta suficiente y no quieren más, en este caso ni les debilita ni les hace crecer. Se mantienen, uno alimenta al otro y la energía entre los dos fluye, no se estanca. Por otro lado tenemos el caso de una persona con un nivel energético alto, un nivel de conciencia también elevado, con deseos positivos, amorosos, generosos hacia sí mismo y hacia el otro, que se encuentra con una persona de un nivel energético sexual más bajo, con un nivel de conciencia también inferior y sin interés por crecer o evolucionar, ni en la sexualidad ni en su vida, que no siente ni le llama la atención esta parte de la sexualidad —es más, a menudo va acompañada con sentimientos y pensamientos negativos, pesimistas, destructivos—. En esta relación, la persona con un nivel más elevado va a actuar como un basurero, y si tiene capacidad, energía y conciencia suficiente, puede "transmutar" esta energía para que no le dañe. La persona más negativa, por su parte, se va a alimentar en cierto modo de ella. Esta relación no durará mucho; a la persona más consciente de lo que ocurre no le va a interesar, no le alimentará energéticamente. El que arroja la basura no es consciente —o no quiere serlo— de lo que ocurre, ni de cómo funciona la relación.

Otro factor a tener en cuenta es el siguiente: dos personas mantienen una relación sexual que dura en el tiempo, y una de ellas experimenta una relación sexual con una tercera sin que la primera lo sepa, ni sea consciente de ello, ni sea lo convenido en su relación. En este caso hay una persona que está actuando como conexión entre otras dos, mezclando la energía de una y de otra. La unidad energética formada por las dos primeras personas se empieza a debilitar, sufre impactos porque trae información de una tercera persona, y el transmisor lleva consigo energía, comportamientos y sentimientos de una a la otra, y viceversa. No estoy hablando de moralidad a la hora de mantener una relación sexual, sino de que seamos conscientes de lo que hacemos y de las consecuencias que puede tener. En culturas muy antiguas, la persona que actuaba como conexión o transmisor era una persona con un alto nivel de conocimiento del ser, de la sexualidad y de la energía que esta mueve, así como de la verdadera realidad y de Dios. Eran personas que podían transmutar la energía sexual o transmitir un conocimiento más elevado de la sexualidad a otras personas. Saber que en el momento de realizar actos sexuales se está ante algo "sagrado", y tomar conciencia de ello, es muy importante. De nuevo, no estoy hablando de una moralidad –creo firmemente que cada uno es muy libre de elegir la suya–, sino de una energía. No es lo mismo comer que comer con coherencia, con conciencia, sabiendo lo que necesito en cada momento, o incluso comer al azar. Con la sexualidad ocurre igual: no es lo mismo tener sexo con alguien al azar que hacerlo de forma consciente, sabiendo lo que soy, lo que voy a dar, y sabiendo que frente a mí hay otro ser que tiene otras circunstancias y otras necesidades –iguales o no– a las que yo tengo. Y desde ahí, saber que las puertas se van a abrir de golpe, algo que puede ser muy bello, enriquecedor, nutricio… o que nos debilite, nos canse e incluso en ocasiones nos llegue a destruir.

Cómo mejorar tus relaciones sexuales si eres mujer

QUÍTALE IMPORTANCIA —así, con mayúsculas; no se trata de una errata— al hecho de mantener relaciones sexuales. Naturalmente, es importante hasta cierto punto, pero tampoco como nos lo impone la sociedad actual. Usando un perfume, disfrutando de una comida, manteniendo una entrevista de trabajo... Si hacemos caso a los anuncios de televisión, parecería que hay que vivir en un orgasmo pleno durante todo el día. La publicidad y las relaciones sociales están hoy en día altamente sexualizadas. También es adecuado que esas relaciones sexuales, en caso de que las tengamos, sean plenas y gozosas, lo más satisfactorias posibles, pero sin hacer de ello una obsesión o un trauma. Si un día no llegamos al orgasmo, o un día hemos sentido menos, o si otro día no me apetece, es algo completamente natural. Nuestro cuerpo está diseñado para obtener placer, pero sin que sea el único objetivo de nuestro día a día. No debemos sentirnos como un bicho raro si no mantenemos relaciones sexuales.

Cada mujer es diferente, igual que su propia manera de gozar del sexo. Si no expresa lo que desea, quizás sea por timidez o porque pueda parecerle ordinario el deseo que tiene. Si su pareja no sabe lo que le produce excitación, difícilmente podrá llegar a disfrutar de una forma sana y natural de su sexualidad. En esta situación, si uno de los dos es más atrevido o menos tímido, puede ir preguntando o haciendo caricias para así ver por dónde moverse, y obtener y dar más placer.

En la mujer, la sexualidad está muy ligada al entorno, al lugar donde se desarrolla el acto sexual. Es decir, le damos importancia a la decoración, a la música, a los olores, a la iluminación... Digamos que el placer en la mujer también va unido a todas estas circunstancias, o comienza con ellas. Es como si con todos estos factores fuera más fácil la relación sexual. ¿Qué mujer no ha tenido una fantasía cuando se cierra la puerta del ascensor, y justo en el último momento un hombre increíble sujeta las puertas y accede al interior? (Ese espejo…). Cuando estamos en casa dedicándonos, por ejemplo, a la cocina, y nuestra pareja se acerca por detrás mientras tenemos las manos llenas de harina o de masa de rosquillas, ya sabemos que vamos a acabar embadurnados, ¡pero cómo nos gusta...!

A las mujeres les encanta recibir cumplidos en cuanto a materia sexual se refiere. "Qué bien haces esto", o "qué bien haces lo otro", o "me gusta cuando te quitas la ropa poco a poco", "qué bien te queda el último sujetador que te compraste…". En una palabra, le encanta recibir halagos acerca de su cuerpo, de su manera de moverse, de sus posturas, etc.

Acepta tu cuerpo con todo, con lo que crees que sobra y con lo que crees que falta. Tu cuerpo es precioso tal y como es. ¡Basta ya de esas modas de belleza que nos mandan las revistas! ¡Eso no existe! Cuando te gustas como eres, gustas a tu pareja y desde ahí empiezas a disfrutar de tu sexualidad. Sin embargo, si te estás mirando un michelín o una estría, es poco probable que te desinhibas y puedas conseguir placer. Tu chico no mirará esos "pequeños defectos"; si está contigo es porque le gustas así, con todo.

Creo que lo más importante es sentirte bella. Todas las mujeres son bellas; únicamente tienen que creérselo. No hay porqué seguir cánones de belleza ni modas; eso es un suplicio. Lo que deben creer es en su potencial sexual: de ahí surge su fuerza y su poder. Solo por ser, así, sin más.

Es importante prestar atención a las zonas de tu cuerpo más erógenas. Conduce a tu chico hasta ellas; que te acaricie la cara interna de los muslos, la nuca, la comisura de los labios, los glúteos y cualquier otra zona que para ti sea especialmente excitante o placentera.

Ponte la ropa que te sienta bien. No hay porqué ir a la moda, vístete con lo que estés a gusto y te veas bonita. Eso que para ti es *sexy*. Tan importante es sentirte *sexy*, como que tu pareja te vea del mismo modo. Observa cómo te sientes cuando te sientes así, cómo te mueves, cómo hablas, cómo te ríes... Fíjate que todo resulta más fácil; por lo tanto, con la relación sexual será igual.

Ocurre algo muy importante cuando te relacionas a través de tu energía sexual. Existe un lugar importante en el cuerpo femenino para dar salida a nuestra creatividad, a nuestras relaciones: los ovarios, esos grandes generadores de energía. Esa energía presente en los ovarios podemos acumularla, o bien ponerla en acción y utilizarla a lo largo de todo el día, en el trabajo, con los amigos, con la familia…, y no únicamente cuando vayamos a tener una relación sexual propiamente dicha. Para que puedas conocer esa energía tienes que primero reconocerla y volverla operativa. Esto se explica muy bien en el libro *Amor curativo a través del Tao: cultivando la energía sexual femenina sexual.* Allí los autores hablan de la "respiración ovárica", que empieza por localizar los ovarios y sentir su energía, para desde ahí cerrar y abrir la vagina varias veces para calentar los ovarios, manteniéndola cerrada durante todo el tiempo que dura la técnica, de tal forma que la energía no se escape. Empezaremos a proyectar esa energía en forma de respiración hacia el ano, para desde ahí subir a lo largo de la columna vertebral. Da igual que sientas el flujo energético o no, lo importante es realizarlo. Desde el ano se subirá hasta el sacro, para hacer una parada en la vértebra T 11 (la undécima vértebra torácica, que está opuesta al plexo solar). Desde aquí, pasando por la cervical 7, llegaremos a la coronilla y seguiremos con el recorrido para bajar a través de la lengua —que tiene que encontrarse presionada contra el paladar—, para terminar finalmente a la altura del ombligo, donde se acumulará la energía. Aunque no notes nada, la técnica consiste en seguir con la mente el recorrido energético. Aquí la describo de forma muy escueta, pero en el libro mencionado aparece desarrollada de forma explícita y completa. Su práctica requiere asiduidad para notar los beneficios. Se puede convertir en algo diario; al principio quizás cueste un poco, pero después es algo que sale casi de forma automática y te llena de poder.

Haz caso de tu cuerpo, escúchalo, mira las horas en las que tienes "más ganas" e intenta aprovecharlo. Las mujeres prefieren tener sexo por las noches. Al preocuparse más por su aspecto, creen que recién levantadas no están tan atractivas. Naturalmente, esto puede elegirse cuando estás con una pareja con la que todavía no convives; después hay pocas cosas que puedas ocultar de tu día a día.

Mueve tu sexualidad

El baile es un aliciente y un estimulante para la mujer. Con él se siente sensual, bella, activa, dueña de su cuerpo y de sus deseos. No hace falta que te apuntes a clases de baile ni que seas una bailarina experimentada; ponte la música que te guste, alguna ropa con la que te sientas *sexy* y... ¡a bailar! Déjate llevar, sin juicios. Tu alegría y energía van a crecer. Imagínate que sabes bailar e invéntate pasos de baile. De momento estás tú sola, experimenta esta sensación, deja que las notas musicales recorran tu cuerpo, cierra los ojos y siente la música. ¡Verás qué fácil! Vas a sentir placer en zonas de tu cuerpo que creías dormidas. Puedes acariciarte por todo el cuerpo, con los ojos cerrados, y así descubrir qué zona es en la que experimentas mayor placer. Esto puedes ponerlo en práctica sin pensar si luego vas a tener una relación sexual o no, pero también antes de tenerla, como si fuese un juego preliminar en el que tu pareja y tú podéis dejaros llevar por la música.

También resultan interesantes y estimulantes los bailes entre mujeres, como la danza del vientre. Estos tienen la capacidad de producir una energía muy bonita y sutil, que activa a la mujer y a las personas que se encuentren alrededor viéndola. Con el movimiento de las caderas y del vientre se pone en movimiento la energía sexual de la mujer, activándose los ovarios. Estos bailes también eran utilizados durante los partos, en lugares como el antiguo Egipto, durante los cuales los movimientos y vibraciones variaban. Así, en los nacimientos, no solo la mujer parturienta bailaba, sino que había más mujeres acompañándola.

Ve a tu ritmo. En las relaciones sexuales cada uno tiene su "*tempo*". Date el que necesites, no es mejor por llegar antes. Tenemos que olvidarnos de los estereotipos, de pensar que tener una relación sexual tiene que acabar en un orgasmo, y si no lo consigo es un fracaso. Son momentos de disfrute, de compartir, de dejarnos ir, de conectar con lo más profundo e íntimo de ti. No creas que hay prácticas "sucias" o poco adecuadas; se trata de que aquí ni tus creencias aprendidas ni tu mente juzguen, sino de que descubras por ti misma lo que gusta. Además, esa expectativa no nos permite disfrutar libremente. Se trata de disfrutar como si estuviéramos solos y nadie nos mirara, no para conseguir el disfrute máximo; esto último nos hace perder el momento. En ocasiones es la pareja la que está pendiente de si la mujer ya ha conseguido o no el orgasmo, y esto genera mucha tensión y te corta "el rollo". Se trata de estar junto al otro, pero tampoco como una obsesión. Yo creo que todas estas creencias han hecho mucho daño, tanto al hombre como a la mujer. Lo único que vale es lo que a ti te vale. Lo que sale en las películas no es cierto, ni tampoco lo que nos cuentan las amigas. Esos gestos y esos gemidos, a veces tan exagerados, no son reales. No creo que lo que le valga a una persona tenga que valerle a otra. Aquí puedo contar cosas que espero te sirvan o te ayuden a cambiar roles o actitudes, pero tampoco tienen que ser así de forma absoluta.

¡Pide! Quizás esto sea lo más difícil de expresar en el sexo, pero si no pedimos y damos por hecho que el otro tiene que saber lo que nos gusta, mal vamos. Cada persona es un mundo y cada persona siente el placer de una forma determinada o con una postura concreta. Insisto una vez más en que en el sexo no hay nada malo. Ni existen convencionalismos ni ha de hacerse de una forma o de otra. Tu cuerpo —y tú eres quien mejor lo conoce— tiene que pedir lo que quiere y decir cómo le gusta, y si le gusta despacio o deprisa. De la misma manera, es necesario saber decir NO cuando haya algo que te resulte incómodo o molesto. Si te cuesta expresarte hablando, puedes hacerlo a través de un mensaje de móvil o un correo electrónico. A veces es más sencillo ponerlo por escrito incluso antes de tener la relación. Advierte de antemano que necesitas caricias, que quieres risas, que para ti el sexo se practica durante todo el día, etc.

Sexo "helado". Atrévete a coger un cubito de hielo con tu boca y pásalo a la boca de tu pareja, o que te ella te lo pase a ti. Después, pasado un tiempo, ya puedes acercarte a zonas como los pechos o el pene. Hay que ir haciéndolo con cuidado, porque al principio impresiona un poco, pero las sensaciones son muy vivas y escalofriantes, es algo diferente... También resulta estimulante comerse un helado que hayas restregado por el cuerpo de tu pareja; obviamente, en verano, con las temperaturas más altas, es cuando resulta más agradable. Y quien dice helado, dice cualquier bebida fría, como el cava, por ejemplo. Jugando con los cambios de temperatura es posible estimular los neuroreceptores que se encuentran debajo de la piel, algo que resulta muy placentero. También resulta muy agradable durante el sexo oral. En ese caso tomaremos el hielo para enfriar la boca, y luego pasamos a estimular las zonas que queramos con la boca fría, para pasar seguidamente al calor.

Atrévete a entrar en esa tienda por la que llevas pasando durante un tiempo y donde no te decides a entrar, ni siquiera a pararte en el escaparate. Sí, sí, estoy hablando del *sex shop*. No te cortes, están ahí para todo el mundo. La primera visita puede costar un poco más. No es necesario que digamos que no es para nosotros, o que es para un regalo: se nota a la legua que estamos mintiendo. Quizá salgas sin nada la primera vez; en las siguientes atrévete a coger objetos y ver para que sirven, aunque te dé la risa y te sientas observada. Para tranquilidad tuya, el personal de estas tiendas está acostumbrado a que vaya todo tipo de personas: lanzadas, tímidas, mujeres, hombres... ¡Permítetelo! Quizás te lleves una grata sorpresa, y a tu pareja puede que también le guste cuando aparezcas por casa con algún artilugio nuevo. Dará "vidilla" a la relación y aportará juego, novedad...

Cómo mejorar tus relaciones sexuales si eres hombre

Esta parte del libro la escribo con ayuda, puesto que a mí, como mujer, me resulta más difícil.

Al hombre muchas veces le apetece y le estimula que sea la mujer la que tome la iniciativa. Por ejemplo, ¿un *streaptease*? Creo que si se lo pide a su pareja le va a encantar, y más si es por sorpresa. Al hombre le gusta mucho mirar, ver cómo ese deseo va incrementándose, con lo cual estaría bien que la pareja del hombre pensara en alguna música, preparar algunos objetos como una silla, un paraguas, pañuelos grandes, diferente iluminación para la habitación donde vaya a preparar el numerito, etc. Podemos mirar algún video en internet, para tomar alguna idea. Quizás al principio nos dé corte, pero luego os podéis sorprender del resultado.

A los hombres les gusta el susurro de palabras más subidas de tono durante el acto sexual. Si te gusta que te hablen o te susurren al oído mientras estáis teniendo relaciones, díselo a tu pareja. Igual no sabe que te encantan las palabras en tono bajito, al oído. En el momento del acto sexual, poseídos por el deseo, todo vale. Así, al comienzo las palabras serán más sutiles y sugerentes, y conforme pase el tiempo se irá incrementando el tono. Las palabras pueden llegar a ser tan placenteras como la mejor de las caricias. A través del oído podemos empezar a hacer el amor antes de ir a otras zonas del cuerpo. Es cierto que no a todos les gusta escuchar las mismas palabras, y sobre todo depende del momento. Lo importante es que hablemos desde el corazón, no repitiendo frases escuchadas en una película o que un amigo nos dijo. A veces es mejor decir algo sencillo que complicarnos mucho o no ser honestos, de modo que resulte exagerado.

Otra zona olvidada de los hombres son sus dedos; les encanta que se los chupes, desde el área palmeada de los dedos hasta la punta. Es realmente placentero, pero a menudo se olvida. Atrévete a probarlo. Las yemas de los dedos es donde más células de Merkel se concentran. Estas células son las encargadas de transmitir las sensaciones a las neuronas.

Deja que la boca de tu pareja recorra cada centímetro de la tuya. Los besos suaves en los que recorres toda la boca, aquellos en que el roce es muy suave, son mucho más placenteros que los besos con lengua. Prueba con los mordiscos en las orejas, en el cuello y en los labios. Siempre suaves, con cuidado para no producir dolor; recuerda que se trata de estimular.

Quizás te gustaría recibir una llamada de teléfono de tu chica, cuando os encontráis lejos. Mientras habláis, imagina que tiene algún juguete en sus manos, y desde ahí puede comenzar una conversación subida de tono. No siempre las relaciones tienen que mantenerse el uno frente al otro.

Otro elemento a tener en cuenta es la escritura, hoy olvidada por la tecnología, pero que siempre ha estado relacionada con las relaciones de amor. Ejemplos de ello es Cyrano de Bergerac, pasando por Hemingway, Balzac y un largo etcétera. Escribe a tu chico o chica una carta romántica, estimulante, o un poema de amor.

Creo que la mayoría de las cabezas masculinas ha pensado en contratar los servicios de una chica. Pues bien, podemos hacer "teatro" y que nuestra pareja sea esa chica que queremos contratar, ya sea una camarera, una secretaria, la jefa, la maestra, la doctora, la dentista, la dependienta de la pescadería... Se trata de hacer una representación y dejar que nuestra imaginación fluya, y para eso tienes que meterte de lleno en el papel. No eres la pareja de fulano, sino esa persona que a tu chico le mola. Entonces él tendrá que pedirte lo que desea, y tú (siempre que te apetezca; doy siempre por hecho que hay consentimiento) puedes acompañarlo de alguna ropa, según el papel que vayas a desempeñar. Si a tu chico le apetece hacérselo con una cocinera, puedes utilizar el delantal y debajo de él solamente llevar la ropa interior y unos buenos tacones. Tampoco se trata de tener que gastarnos dinero, sino de utilizar lo que tenemos en casa. Al fin y al cabo es un juego, y como comenté antes se trata de no utilizar la mente para juzgarnos a nosotros ni juzgar al otro, sino de que salgan afuera nuestros instintos más básicos, y que no son en absoluto censurables ni reprochables. Todo lo contrario: nos hacen crecer, nos hacen libres y vivimos más a gusto.

Hay momentos en los que el hombre quiere que le hagan de todo. Sí, incluso que le aten a los cuatro lados de la cama. Hoy es más difícil porque las camas no tienen esos doseles de antaño, pero seguro que podemos atarle las manos y las piernas para que tenga poca movilidad. Se trata de alcanzar ese límite entre el sufrimiento y el placer. Entonces su chica o su chico puede hacerle todo lo que le gusta. Chuparle el pene es uno de sus mayores placeres. Que le acerques tus pechos a la boca, pero sin llegar poder chuparlos es un juego. Estamos en la cuerda floja y cada uno tiene que preguntar a su pareja lo que quiere. Si ya le conocemos bien y sabemos lo que le excita más, lo llevaremos a la práctica, pero sin que él sea libre en sus movimientos. Que su deseo se incremente, para que así sienta más placer. Solamente hay que tomar algunas precauciones, como utilizar pañuelos o sogas que no nos lastimen las muñecas ni los tobillos, o no dejar a la persona atada sola en la habitación, puesto que si ocurre cualquier imprevisto no tendrá movilidad.

La postura del loto suele ser muy placentera para el hombre (puedes buscarla en internet si no la conoces). El hombre se sienta con las piernas cruzadas, con los talones encima de la rodilla opuesta. La mujer se sienta encima de las piernas del hombre, y con las suyas cruza o agarra el cuerpo del hombre. En esta postura están frente a frente, y entrelazados pueden besarse y mirarse de un modo muy intenso. Además la penetración resulta muy profunda. Los movimientos serán lo más relajados posibles, acompañados de balanceos de los dos hacia delante y hacia atrás. Esta postura potencia una unión total entre los dos, y conlleva una carga de estímulos que multiplica los efectos del clímax.

A muchos hombres les resulta muy excitante que la mujer se masturbe ante ellos. Piensan que eso es lo que hacen ellas para obtener placer cuando están solas, y si pueden verlo en directo les pone "a mil". Vamos, que les encantaría ver a su chica por un agujerito y sorprenderla en el momento del orgasmo.

Creo que hay una parte escondida en lo más profundo del hombre que le lleva a desear disfrazarse de mujer. Ponerte unos tacones, un vestido, ropa interior femenina y un liguero, y encontrar tu lado "femenino", no tiene nada que ver con una tendencia homosexual. Creo que, como todo lo anterior, en el sexo se trata de dejarte ir y de probar desde otro lado, sentir lo que siente una mujer cuando se pinta, se hace un peinado o se pone unos tacones, sentir el tacto de las medias. Vamos, seguir el mismo ritual que seguiría una mujer y probar. Tanto más vas a disfrutar cuanto más te dejes llevar. Igual te gusta, solo es una idea. La risa está garantizada, te lo aseguro.

Si eres hombre, quizás te interese saber que a la mujer le gusta que te vayas quitando la ropa poco a poco. No es necesario un *streaptease* propiamente dicho —aunque también nos gusta—, sino que en esos momentos de besos, caricias y estrujamientos, el hombre no se desnude de golpe, sino que lo haga poco a poco, incluso quedándose con alguna prenda como una camisa o camiseta.

El siguiente punto que quiero abordar puede hacer que algunos hombres pongan una cara extraña o piensen que ellos, "eso", ni locos... Se trata de sentir placer en la zona del ano. Muchos dirán o pensarán que se trata de prácticas homosexuales, aunque no creo que una cosa tenga que ver con la otra. En cualquier caso, el que quiera probarlo debe saber que hay quien dice que es más placentero que la estimulación del pene. ¡Libérate de tabúes! Cada vez más personas se animan a practicarlo con sus parejas. El ano es una de las zonas más erógenas que existen, y es una buena forma de comenzar a fomentar la excitación. Puedes hacer que tu pareja use tanto la boca como la lengua, para a continuación pasar a usar suavemente el dedo. ¡Anímate, que te va a gustar! Parece que el famoso punto G masculino se encuentra cerca del ano, por lo que estimular esta zona puede ser el paso previo a experimentar un gran placer. Recuerda que, como en otras prácticas, van a entran en contacto fluidos, así que si lo estimas conveniente puedes usar las barreras bucales (cuadrados de látex) o cortar un trozo de condón. Yo, particularmente, considero suficiente –si lo practicas con tu pareja habitual– una buena higiene antes y después de cada práctica.

Atrévete a enviar un mensaje a tu chica (por supuesto, también vale a la inversa) contándole lo que le vas a hacer cuando la veas, incluso con palabras un poco subidas de tono. Se trata de ir preparando el terreno, de jugar, de sentir excitación –por ejemplo en el trabajo–, y tener unas ganas locas de llegar a casa para poner en práctica todo aquello que has estado insinuando.

También es importante cuidar tu aspecto. A ver, no a todas nos gustan los hombres con un cuerpo "diez" y con la tableta de chocolate marcada, pero sí nos agrada que nuestro chico se cuide, que lleve un corte de pelo favorecedor y una barba cuidada, que se preocupe por su alimentación y elija una ropa que le siente bien. Vamos, que sea un poquito presumido. Y sobre todo que él se sienta bien con su cuerpo, sea el que sea. Hay algo que a mí particularmente me parece importante, y es una boca limpia. Si además está sana mejor, pero sobre todo que despida un aliento fresco, para que pueda ser comida a besos.

En el sexo, siempre se puede mejorar

Consejos que te ayudarán

1. **Utiliza otros sentidos**. Por ejemplo, para que tu olfato, tu gusto y tu tacto se agudicen, véndate los ojos. Te puede servir cualquier cosa que tengas por casa, desde una corbata a unas medias negras, o una simple venda. Cualquier cosa puede resultar *sexy* si está en el entorno adecuado. Permanece atento a los gemidos del otro; eso te indicará si le gusta o no lo que le estás haciendo. Podrás también ayudarte de susurros o de una música estimulante. Todo sumará y sentiréis sensaciones nuevas. Recuerda que como el olfato se va a agudizar, es conveniente que tus partes íntimas estén

bien limpias. Además, para agudizar el gusto puedes ayudarte de comida o bebida, según lo que le guste a cada uno: la nata, el cava, los helados, etc. No es lo mismo imaginarlo que ponernos a hacerlo. Te puedes llevar una grata sorpresa. Acariciarte sin el sentido de la vista incrementa las sensaciones; busca con el tacto el cuerpo del otro, recorriendo todas sus curvas con tu piel, sin usar los ojos.

2. **Bailar.** El baile es una manera de insinuarse, un preámbulo del sexo. De hecho, el sexo en sí mismo es una danza. Bailar es divertido, y a través del baile también nos desinhibimos. Estimula el estado de ánimo, y hace aflorar pasión, gracia y atrevimiento. Más que poseer los conocimientos de un baile en concreto, se trata de conectar con tu interior y desde ahí sentir la música y ponerte a bailar. Con el baile se pone en marcha el deseo. De hecho, muchas parejas han iniciado una relación gracias a la química que ha surgido después del baile. Cuando nuestros cuerpos no se muestran como estatuas, podemos ver que están vivos, y es entonces cuando dejamos que se expresen, cuando un cuerpo resulta atractivo. A cada persona o pareja le puede resultar sexualmente estimulante un baile diferente. Por ejemplo, los movimientos de la salsa son sumamente sensuales: hay que acariciar en cierto sentido el cuerpo de la pareja, con las manos en las caderas del otro. Por otro lado, puedes conseguir abrirte a través del baile si sientes barreras en tus relaciones sexuales, sentir qué es lo que te da miedo o vergüenza y desde ahí poder dar un giro. Una música

que nos gusta nos transporta hasta lugares maravillosos sin que sepamos cómo, haciendo subir nuestro ánimo. Ahora tenemos enfrente a la persona que nos gusta. Imaginemos una música lenta, estamos agarrados, sintiendo nuestros cuerpos, oliéndonos, acariciándonos... Podemos ir quitándonos la ropa poco a poco. Creo que es importante ir despacio; no se trata de ir a conseguir un orgasmo rápido (bueno, dependerá del momento), sino de disfrutar del contacto, de la piel, del erotismo... Personalmente creo que es un gustazo alargarlo.

3. **Sexo y posturas.** Prueba con posturas diferentes. Si no se te ocurren puedes observar algunos papiros de los antiguos egipcios, y comprobarás que cualquier película pornográfica de la actualidad se queda corta. A los hombres les encanta que su pareja se arrodille o se agache y les haga una felación. Si es frente a un espejo la excitación aumenta, y a ellos les vuelve locos. Puedes probar a estimular un testículo con la boca mientras le acaricias el pene con la mano. Otra postura es "el escalador" o "la flexión", aunque requiere que él tenga fuerza y aguante. El hombre se coloca encima de la pareja, pero sin apoyar el cuerpo encima de ella, sino aguantando el peso con las manos y los pies. La penetración empieza poco a poco, de forma suave, y en el momento que los dos están bien acoplados y excitados, las embestidas pueden ser más fuertes. Otra postura es conocida como "la cuchara", en la que los dos están de lado. El hombre agarra a la mujer por detrás, y desde aquí la penetra. El

contacto de él con la vagina es mucho mayor, por lo que la sensación de placer es más intensa. Otra postura muy placentera y que se puede llevar a cabo en cualquier momento de calentón, es aquella en la que ambos están de pie. El hombre coge a la mujer por detrás, mientras ella puede estar apoyada en un lavabo de un baño, y desde aquí la penetra. Si estamos solos en casa podemos alargar el momento en el baño. De este modo, él podrá ver a su chica desnuda ante el espejo o maquillándose.

Una postura muy placentera para ellas es estar sentados los dos en la cama, ella encima de él, mientras las piernas de ella abrazan todo el cuerpo de él. De ese modo él puede chuparle los pechos, lo cual es una fuente de gran placer para la mujer. Además, el glande está apoyado sobre el clítoris antes de la penetración. La postura "del perrito", en la que ella está a cuatro patas mientras el hombre la penetra por detrás, también le resulta muy placentera a la mujer. En este caso los pechos están libres y el hombre puede agarrarlos. A él le resulta muy placentero introducir el pene entre los glúteos de la mujer.

Esta otra postura requiere de una mesa alta, en la cual se tumbará la mujer, con el trasero apoyado sobre el borde de la mesa. Levantará las piernas, que apoyará sobre los hombros de él; de ese modo podrá elevar la pelvis hasta formar una línea recta. Entonces él coloca las manos sobre sus glúteos, permitiendo una penetración profunda. El hombre puede balancear su cuerpo, acariciando cualquier zona de la mujer, desde los pechos al clítoris, consiguiendo así una mayor excitación que en otras posturas.

4. **Sexo porno.** Es cierto que cuando llega el viernes por la noche y nos disponemos a ver una película en casa, no solemos decantarnos por el género pornográfico. Sin embargo, los expertos recomiendan ver estas películas en pareja, por varias razones. No hay que juzgar (seguro que los dos lo habéis hecho a solas, cada uno por vuestra cuenta), y además esta práctica es más habitual de lo que se comenta. Juntos podéis aprender cosas nuevas, que quizás os apetezca poner en práctica. Poco a poco iréis perdiendo el miedo y haciendo desaparecer los tabúes. Quizás también nos dé alguna pista sobre lo que podemos hacer, si no se nos había ocurrido.

5. **No tener prisa**. Es imprescindible. Si queremos disfrutar a tope no tiene que haber reloj. Tanto si estás sol@ como si estás acompañad@, es un lujo no tener tiempo tasado para poder disfrutar del sexo. Dale tiempo e importancia a los preliminares y postliminares, que también forman parte de la relación sexual. Deléitate en cada rincón de tu piel y en la de tu compañer@. Dentro de esta opción existe un juego muy divertido, que se trata de intentar retener o no llegar al orgasmo; el que llegue antes, pierde. Se debe usar la imaginación para que el contrario consiga el orgasmo antes que tú, así que resulta muy placentero y creativo.

6. **Sexo programado**. Estoy hablando de crear una agenda. Sí, como lo oyes: planifica y señala los días y las horas en los que vas a tener sexo. Funciona. ¿Aca-

so no nos planificamos una reunión de trabajo, una tutoría en el colegio del niño o una clase de yoga, y no nos la saltamos por nada del mundo? Pues hagamos igual con el sexo. No lo dejemos para lo último, cuando estamos cansados o poco motivados. Elijamos unos días con sus horas durante un mes, y vamos a llevarlas a cabo como cualquier otra tarea. Además, tenemos que prepararnos para esa tarea con un peinado bonito, una manicura, ropa *sexy*, quizás un vino especial… Igual que cuando preparamos una reunión de trabajo, ¿no te parece?

7. **Dos desconocidos**. Este juego también es divertido. Se trata de haceros pasar por dos personas que no se conocen. Tenéis que volver a seduciros, a gustar al otro, con lo cual vais a llevar a la práctica vuestras mejores técnicas de seducción, dando rienda suelta a la imaginación. Esto implica más atención a los cuidados personales y la necesidad de buscar técnicas nuevas, inspiradas de películas o de anuncios de televisión. No es mala idea programar una cena en un restaurante especial para luego terminar en un hotel —porque en casa no vas a meter a un desconocido, ¿verdad?—. Incluso los temas de conversación pueden ser inventados, como si cada uno fueseis una persona diferente de la que realmente sois.

8. **Sexo rápido**. Es otra opción, que no contradice la anteriormente expuesta acerca no tener prisa. Simplemente son diferentes y depende del momento. Hay momentos en los que nos apetece algo rápido, sin demasiados preliminares. ¿Por qué no? Ya sabes que

en el sexo todo vale, olvídate de las reglas. Por ejemplo: estás en casa viendo una película que es un rollo, pero el sofá da para más de una postura placentera. Por ejemplo, ella mirando hacia abajo y apoyada en el reposabrazos, mientras él está detrás. Se trata de una postura más dominante para él, y si ella junta las piernas y aprieta los tobillos, contraerá los glúteos y los músculos vaginales, lo que al hombre le producirá un mayor placer.

9. **Sexo público.** Prueba otros lugares. Quizás el garaje de casa cuando llegáis de una cena, y antes de subir a vuestro apartamento. Suena excitante y divertido, y sobre todo aporta más intensidad al acto sexual, por el miedo a ser visto por alguien, jugando a dejarte llevar mientras estás pendiente de si viene alguien. Puede ser en el bosque, cuando estemos de excursión. O en el cine: hay sesiones en las que las salas están prácticamente vacías. Tampoco se trata de desnudarnos, pero sí podemos practicar multitud de caricias. Estas opciones resultan muy excitantes, y aunque no lleguemos a consumar el acto sexual, son momentos que nos pueden producir un gran placer. Además, recordar estos momentos nos pueden servir de estímulo para otros...

10. **Sexo y juguetes.** Atrévete a entrar por fin en el *sex shop*. Llevas pasando por delante durante un tiempo, y nunca te atreves a pararte. No te cortes; la primera visita puede dar vergüenza, y quizás salgas sin haber comprado nada, pero en las siguientes atrévete a coger objetos y comprueba para qué sirven, aunque te

resulte cómico. Como ya te he dicho, el personal de estas tiendas está acostumbrado a que vaya todo tipo de personas. A lo mejor te lleves una agradable sorpresa, y a tu pareja quizás también le guste cuando aparezcas por casa con algún artilugio... Te aseguro que puede darle algo de "picante" a la relación. El mundo de los juguetes sexuales es tan amplio que prácticamente podrías utilizar uno para cada día del año. Estos artilugios están concebidos para ayudar a mejorar las relaciones, así como a hacerlas más placenteras. Son un elemento novedoso que hace mantener viva la relación. ¡Atrévete a probar! Además te pueden ayudar a conocerte mejor y conocer cómo funciona tu cuerpo. Usándolos rompemos con la rutina en la cama.

11. **Sexo masturbación**. La palabra masturbarse viene del latín *manus turbare*, que sería algo así como "turbarse o violentarse con la mano". Parece que es algo que está en la naturaleza, puesto que el resto de especies del reino animal también lo practican (ardillas, delfines, y hasta los insectos, que se frotan sus órganos sexuales contra las ramas). La masturbación es algo fundamental. Seguramente con ella hemos aprendido y con ella seguimos disfrutando, compaginándola con el sexo en pareja. Nos hace conocer nuestro cuerpo y comprobar qué nos produce placer. Además, elimina el estrés acumulado. En las mujeres parece que, antes y después de la menstruación, evita el padecer fuertes dolores a causa de la regla, y en el hombre evita el cáncer de próstata. Es nuestra gran conocida, el lugar

de nuestros secretos, donde nos desinhibimos, y tan recomendable para alcanzar el equilibrio físico-mental-espiritual. En palabras de Woody Allen, "masturbarse es hacerle el amor a la persona que uno más quiere".

12. Por supuesto, la lectura. Los papiros de Turín, obra escrita 2000 años antes de Cristo, en la que se habla del rito de la seducción. O autores como Henry Miller o Bukowsky; *Cincuenta sombras de Grey*; *Fanny Hill*, de John Cleland; *El Amante*, de Marguerite Durás; *Los 120 días de Sodoma*, del Marqués de Sade; *Las edades de Lulú*, de Almudena Grandes... Leyendo podemos darnos cuenta de que no hay nada nuevo: en el manual del *Kama Sutra*, publicado entre el siglo III y V después de Cristo, ya se nos habla de la importancia de los preliminares, del sexo oral, de los tríos... Aunque lo que más llama la atención son sus ilustraciones sobre diferentes posturas de practicar el sexo. Por otro lado, un libro que me parece muy interesante es *The Canons of Theodore* (un anónimo del siglo XII), donde se detallan los pecados sexuales de un monje, quizás escuchados en confesión. Se trata de prácticas que podrían considerarse como depravadas a ojos de la vida monástica, pero que no son un invento actual. *El libro de la almohada* (Shei Shoganon, siglo XII) es una obra donde se cuenta la historia de Shei Shoganon, quien fuera dama de la corte de la emperatriz japonesa Theisi. Allí podemos leer con gusto la importancia del cortejo, los gustos de los hombres o los pecaminosos secretos de alcoba. *La escuela de Venus,* un anónimo del siglo XVII, pone de manifiesto a través las conversaciones entre dos primas, las ideas de la época sobre el sexo con varias parejas, los amigos "con derecho a roce" o el sexo fuera del matrimonio, prácticas que no nos pueden parecer nuevas vistas con los ojos de hoy, en la que disfrutamos de una mentalidad más abierta.

13. **Sexo tántrico**. Muy relacionado con las emociones. Las emociones negativas te desgastan y agotan tu energía vital. Tal y como se describe en el libro titulado *Amor curativo a través del Tao*, de Mantak Chia y Maneewan Chia, con el orgasmo normal –que es el que todos conocemos, es decir, un orgasmo "hacia afuera"– lo que estamos haciendo es perder energía, vertiendo nuestra fuerza vital al universo. Con el sexo tántrico, lo que se pretende es que esa energía sepamos guardarla en nosotros, para poder utilizarla. Se trata de devolverla a nuestros órganos para que funcionen mejor, para que se recuperen. Muchas de las actividades que realizamos a diario, como ver la televisión o usar el teléfono móvil, nos restan energía. Estamos buscando fuera cosas que nos estimulen, y cuando ya hemos conseguido esa estimulación de los sentidos buscamos otra cosa. Lo mismo ocurre con el sexo: buscamos diferentes estimulaciones, y cuando ya nos hemos cansado de las que hemos usado durante un tiempo, no nos paramos a buscar el placer o esa otra energía dentro de nosotros. Es más complicado de lo que parece, porque no se trata únicamente de sexo, sino que es una forma de vida, quizás con

poco arraigo en nuestra cultura. Se trata de practicar el sexo sin prestar atención a los genitales, y por supuesto sin penetración. Consiste en tomar conciencia de tu energía sexual para retenerla y reciclarla. En el orgasmo interior la sensación se prolonga, y es como si el subiera por los órganos del cuerpo. En el tantra el sexo es cosa de dos, y las dos personas deberían de estar a un mismo nivel físico, emocional y espiritual, para unirse formando una sola energía. En cuanto a los hombres, parece que lo que les deja sin energía es la eyaculación. En el libro antes mencionado aparece un texto en el que se nos relata cómo el emperador de China llamaba a su corte de sabios para que le aconsejasen sobre su vida sexual. Antes de aceptar el consejo de ningún sabio, el emperador hacía que el maestro demostrase su control sexual, ofreciendo al aspirante un vaso lleno de vino y pidiendo al sabio que introdujera su pene en él. Si era capaz de aspirar el vino y luego expulsarlo, entonces escuchaba su consejo, pues esta persona era capaz de absorber los fluidos vaginales de la mujer. La capacidad para mantener la energía sexual en el hombre viene marcada por el tiempo que es capaz de mantener la erección. Durante la excitación sexual, la energía sube de forma natural al corazón, al cerebro, a las glándulas y al sistema nervioso, pero se ve interrumpida por la eyaculación. Por ese motivo la mayoría de los hombres no llega a ser consciente de su poder sexual. El método taoísta pretende que se abran los canales de los genitales, subiendo por la columna vertebral hasta la cabeza para bajar hasta el ombligo, siguiendo un canal similar al de la mujer, recorriendo los órganos principales y cargándolos de energía.

Cuando los dos miembros de la pareja ponen en práctica esta técnica, los dos se armonizan y se recargan, haciendo circular sus energías sutiles. La lucha por el poder disminuye con esta práctica, tanto a nivel familiar, de trabajo, de amigos... Digamos que desaparece la "lucha de sexos". Lo más difícil de estas prácticas es apartarse del placer por el placer, y dar un paso más allá para sentir las energías sutiles, queriendo profundizar con la práctica diaria.

Es importante estar centrado en el momento presente, en el "aquí" y el "ahora". El contacto visual, uno frente a otro, desnudos los dos, sin tener ningún otro contacto, observando al otro, su respiración, su forma de mirar... Hay cosas a las que no prestamos atención en el día a día, y después de un rato con estas miradas abrimos nuestra consciencia. En el *tantra* también se presta atención a lo femenino, la ternura, la escucha, la suavidad, la sensibilidad... Ella es la creadora de vida, por lo que el hombre tántrico presta especial atención a estos placeres de la mujer, con la intención de evocarlos y hacerlos suyos. Consiste en explorar otras sensaciones, en dar más importancia a las caricias, en no acabar siempre buscando la relación sexual para tener un orgasmo o con esa finalidad.

Se trata de una práctica mucho más placentera que

el sexo "occidental", y existen muchos expertos que aseguran que puede conducir al despertar espiritual.

14. **Para las mentes más abiertas**. Hay parejas a las que les gusta practicar el intercambio de parejas. Sobre este particular no puedo hablar, y tampoco conozco a nadie de mi alrededor que me lo haya contado, pero como en todo, si los dos estáis dispuestos... ¡Adelante! Hay algunos sexólogos que opinan que, si existe algún problema en la pareja, este tipo de prácticas lo único que hacen es agravarlo. También pudiera suceder que de esos encuentros pueda surgir el enamoramiento de alguno de los miembros de la pareja.

Atención a las enfermedades de transmisión sexual

Quiero añadir este capítulo sin ser alarmista, pero sí siendo consciente de que ahí, junto a la sexualidad, están las enfermedades de trasmisión sexual.

El sexo solo es bueno si es seguro. Disfruta, pero con cabeza y sentido común. Es bueno conocerlas, saber que existen y que quizás a lo largo de nuestra vida podamos contraer alguna. Las vías de contacto pueden ser la vaginal, la anal y la oral, por lo que si notamos cualquier síntoma, tanto en la boca como en los genitales (picores, variación en la textura del flujo vaginal, granitos o verrugas), nos pongamos en manos de un profesional de la salud para que haga el examen que considere oportuno, y en su caso se nos aplique el tratamiento adecuado. No hay que vivir con miedo, pero tampoco pensando que a nosotros no nos va a pasar.

Hay una serie de prácticas que son consideradas como "de riesgo" por los profesionales de la salud. Entre ellas podemos destacar:

- Usar de forma incorrecta los preservativos, tanto en el sexo vaginal como en el oral o anal.

- El hecho de haber tenido ya una enfermedad de transmisión sexual hace que tu piel se haya vuelto más sensible y sea más fácil el contagio de nuevo.

- Si ingieres alcohol y sustancias tóxicas cuando vas a practicar sexo, bajarás la guardia a la hora de tomar las oportunas precauciones.

- Las mujeres muy jóvenes, que empiezan las relaciones a una edad temprana, cuando todavía su útero no está lo suficientemente maduro, tienen sus células muy inestables todavía y en constante cambio, lo que hace que su útero sea más propenso a adquirir bacterias y hongos, como por ejemplo la gonorrea.

- El tener relaciones sexuales con muchas personas –da igual que se den todas en el tiempo o una detrás de otra–, hace que el riesgo aumente.

- El compartir juguetes sexuales con otras personas es un riesgo. Aunque creamos que están limpios, hay bacterias y hongos que son resistentes a la simple pastilla de jabón. No debemos olvidar que se trata de objetos de uso personal e intransferible.

- El sexo anal sin el uso de preservativo vuelve más fácil la transmisión del SIDA.

Es importante saber que la sexualidad está para disfrutarla, y hacerlo de forma responsable y segura depende de cada uno. Con cabeza se pueden vivir unas relaciones sexuales plenas y sanas. Si tienes relaciones sexuales con más de una persona en el mismo período de tiempo, utiliza medidas protectoras como los preservativos y pasa las correspondientes revisiones médicas, por tu propia salud y por las de las demás personas con las que compartes tu intimidad.

En el caso de los más jóvenes, los padres tenemos una labor muy importante, abriendo los ojos a una realidad que está ahí, ávida por ser descubierta. Si nosotros les damos la información suficiente podemos parar la transmisión de estas enfermedades, así como los embarazos no deseados, de tal forma que les permita tener relaciones sexuales seguras, sanas, responsables e intensamente disfrutables.

La sexualidad en la historia y en el mundo

Me parece importante mencionar diferentes momentos a lo largo de la historia del mundo, y cómo se ha vivido y se vive en ellos la sexualidad, así como prácticas que se llevan a cabo en diferentes puntos de nuestro planeta. Quizás con estas aportaciones nuestra mente y nuestras creencias se abran, y dejemos de ser tan limitantes y "clasificantes", dándonos cuenta de que en realidad todo puede valer.

En la antigua China, la sexualidad era el placer por el placer. Disfrutar de una buena sexualidad, tanto en hombres como en mujeres, era tan importante como una buena alimentación. Existían manuales ilustrados sobre sexualidad, destinados a ambos sexos. El hombre quería obtener el mayor placer de la mujer, porque solo a través de ella era capaz de absorber energía *yin*. R. H. Gulik hace un estudio exhaustivo sobre el tema en su libro *La vida sexual en la antigua China*. En él explica cómo la mujer era aleccionada en determinadas prácticas, y era ella, después del matrimonio, quien iba a enseñar sexualidad a su marido. Por otro lado, el hombre tenía que proporcionar placer a todas las mujeres de la casa (primeras damas, concubinas y esposa). A los hombres les estaba prohibida la masturbación, pero no así a las mujeres. También la relación entre ellas estaba permitida. La sexualidad influía en todas las áreas de la vida, y además era utilizada como medicina. Se entendía que una actividad sexual aumentaba la energía de la pareja, aunque una sexualidad excesiva acababa desgastando la energía de ambos. Una falta de deseo sexual era interpretado como una enfermedad, como una causa de estrés emocional. Muchas veces el deseo está presente, pero no le hacemos caso. Quizás el adentrarnos en la sexualidad de la antigua China no sea fácil, a no ser que se vaya con una mente inocente, pero nos puede hacer ampliar nuestra mirada.

En el antiguo Egipto, la concepción de la sexualidad era mucho más natural de cómo la vivimos ahora. Debemos recordar que había ceremonias religiosas con carácter de orgías, dónde tenían lugar escenas de sexo en grupo. Uno de los pilares básicos de la cultura egipcia era el concepto de la transferencia, es decir, el paso de la energía de los dioses a los humanos, y quizás esta transferencia se consiguiera a través de la magia de la sexualidad, en concreto la de determinadas mujeres que a través de ritos iniciáticos conseguían un *makam* espiritual activo. Por medio de ellos conseguían activar su poder sexual y utilizarlo de una forma que hoy nos podría parecer magia, a causa de nuestra falta de entendimiento. Ellas sabían cómo activar esa energía, y hacer llegar a un hombre hasta ciertos niveles que nunca sería capaz de alcanzar por sí solo.

También es conocido el culto a la diosa Hathor, a la que se veneraba entre todos los dioses. Es una deidad sexual conectada al amor romántico, a los placeres de la vida y a las artes sensuales. Se la asocia con la música, el canto y el baile, y muchos bailes eróticos estaban dedicados a ella. Estaba sobre todo relacionada con la alegría (elemento indispensable para una buena sexualidad) y con el sistro, un instrumento con capacidades mágicas, capaz de "despertarnos" para hacernos retornar al origen si es usado por manos de alguien con conocimiento de lo sagrado. Se la considera la diosa de los ebrios, a causa de la fiesta de la ebriedad que se celebraba en Déndera veinte días después de la inundación del Nilo. Es también considerada "dama de los goces" por el carácter festivo y lúdico con el que se la venera.

En las "fiestas de la cerveza" en honor de la diosa Bastet solían celebrarse unas procesiones al anochecer. En ellas, una imagen de la diosa era portada en barcas adornadas con guirnaldas de flores y alumbradas por antorchas, al tiempo que se cantaban todo tipo de alabanzas en su honor. Durante las celebraciones se bebía cerveza, se cantaba y se bailaba, y cuando se llegaba a tierra firme tenían lugar unas fiestas orgiásticas que duraban hasta el amanecer.

Parece que todo esto era considerado como lo más natural del mundo; no existía entonces una mente como la nuestra, que juzgara estos hechos como sucios o "pecaminosos". Estos actos no impedían el paso al más allá, antes bien al contrario: haber llevado una buena vida –lo que incluía haber disfrutado de la sexualidad–, era algo casi "obligatorio" para que se produjera el paso al otro lado. Esta idea ha podido llegar hasta nuestros días con la celebración de la Cuaresma, previa a la cual está el Carnaval, donde don Carnal puede hacer todo lo que le plazca, dando rienda suelta a todos sus placeres carnales (sexo, comida, bebida, etc.) para poder llegar con toda esta energía que viene de abajo, en cierto modo trabajada, depurada. Es un período en el que todo está permitido, donde no se juzga aunque actuemos con una careta, con un disfraz. Todo esto tiene su sentido: no se puede pasar una buena Cuaresma si antes no ha habido un buen Carnaval. Es difícil llegar a Dios si antes no tengo a todos los placeres terrenales satisfechos.

Otro de los lugares dónde la sexualidad fue vivida de forma natural era en la antigua India. Hoy todavía nos sorprenden esos templos cargados de contenido erótico, y que en la actualidad podrían ser calificados como pornográficos o de mal gusto. Sin embargo, cuando nos dejamos llevar y lo observamos con INOCENCIA, vemos que son de una gran belleza. Parece ser que los reyes que gobernaban en esa época tenían conocimientos tántricos, y sobre todo del equilibrio entre lo masculino y lo femenino. Existe incluso la teoría de que dichos templos eran un sitio de aprendizaje. Así, concebían la sexualidad como algo de lo que no había por qué avergonzarse, ni tampoco esconderse. En la vida había que buscar el placer de los sentidos. En el libro del *Kamasutra* (*kama* en sánscrito significa placer, deseo) se dan consejos de rabiosa actualidad, como por ejemplo que la mujer es la responsable de su propia sexualidad. En él se comenta también como deben hacer los chicos para acudir a una cita, en cuanto a su aseo, ropa, modales (incluso menciona el cortarse las uñas de los pies), escuchar a la pareja, etc. Todo esto hace pensar que allá por el siglo III d.C. debían vivir la sexualidad y el placer como lo más natural del mundo, con la concepción de que está hecho para disfrutarlo y vivirlo con todos los sentidos y de todas las formas, acompañado siempre de un respeto exquisito. El sexo estaba incluido dentro de la educación formal. Parece difícil creer que una sociedad tan abierta haya terminado declarando en el año 2013 que la homosexualidad constituye una ofensa criminal.

En algunos países, como el Líbano, la zoofilia está permitida siempre y cuando el animal sea una hembra. En tribus como los bosquimanos y los yerbas, en África, existe una relación entre el sexo y la habilidad para cazar. De hecho, el cazador tiene relaciones sexuales con el primer antílope que sea su blanco.

En Tahití, los hombres, cuando tienen necesidad de tener relaciones sexuales y no hay mujeres disponibles, recurren a la figura del *mahu*. Se trata de un hombre homosexual, que actúa y se viste como una mujer, y que es utilizado en momentos de "emergencia" por hombres heterosexuales.

En Brasil algunas mujeres han ganado pleitos contra sus maridos, al no haber conseguido estos que ellas tuvieran orgasmos. Incluso se celebra el Día Mundial del Orgasmo Femenino, como para compensar por las deudas sexuales de tiempos pasados.

En Groenlandia, el dueño de la casa ofrece a su esposa a las familias que llegan de visita. De no aceptar la invitación, el hombre puede sentirse muy ofendido. En Mozambique también es habitual que entre amigos se presten a la pareja cuando se cree que existen problemas de fertilización.

En algunos países árabes es habitual que se casen, tanto hombres como mujeres, con sus tíos, hermanos, cuñadas y nueras, si algún miembro de la pareja queda viudo.

En determinadas tribus de Papúa Nueva Guinea y de África, el sexo oral se practica como un rito. Los chicos jóvenes se lo practican a los ancianos para llegar a convertirse en hombres, lo que incluye tragar el semen de los abuelos.

En Botswana, Namibia y Sudán, es habitual que las chicas jueguen sexualmente entre ellas antes de tener relaciones con hombres. En el desierto de Sudán, en las comunidades nuers y dinkas, es habitual que las mujeres se casen entre sí. Incluso si alguna tiene dinero suficiente para las dotes, puede tener más de una esposa.

Hoy en día, todavía en algunos países se puede rechazar a una mujer que no llegue virgen al matrimonio. Sin embargo, en algunas islas del Pacífico no se ve bien que la mujer llegue sin experiencia al matrimonio. Cuanta más experiencia tengan, mejor. Incluso hay hombres preparados para prestar ese servicio en las primeras relaciones.

Las mujeres en Nepal pueden casarse con varios hombres. Los cingaleses de Sri Lanka practican la poliandria fraternal, en la que varios hermanos se casan con una misma mujer.

En la antigua Grecia la homosexualidad era bien vista, siempre y cuando se practicara entre un hombre mayor y un adolescente.

Los guajiros de Colombia realizan una danza ceremonial, en la cual, si una muchacha tropieza con un joven, debe mantener relaciones sexuales con él.

Los habitantes de la isla de Inis Beag, en Irlanda, deben de mantenerse con la ropa interior mientras dura el acto sexual, y el sexo es considerado algo malo para la salud.

En nuestro país, durante la Edad Media, la Iglesia disponía que la única postura correcta y adecuada para realizar el acto sexual era la del misionero, y hacerlo por detrás como los animales, era considerada la postura más pecaminosa.

Con toda esta variedad de posturas y de relaciones, podemos hacernos una idea de lo que ocurre en cada parte del mundo, y llegar a la conclusión de que el sexo está en nuestro cerebro, en lo que pensamos que vale y lo que no, en lo que damos por bueno y lo que no. Depende de dónde hayamos nacido y de cómo se haya vivido el sexo, así actuaremos nosotros.

Sexo sagrado

Ahora me dispongo a dar otra vuelta de tuerca, a ampliar lo dicho, a adoptar una mirada nueva, completando lo expuesto hasta ahora.

Vamos a fijarnos en el significado de estas dos palabras que un día oí y resonaron en mi interior como un recuerdo, como algo más profundo. Una era "sexo" y la otra "sagrado".

Lo primero que pensé es que no sabía por donde cogerlas. ¿Sexo? ¿Y además sagrado? Pufff, debe de ser algo inalcanzable, algo a lo que quizás yo no pueda acceder. Y sin embargo, es más sencillo y accesible de lo que parece.

Veamos primero el significado de SAGRADO que nos da el diccionario. Se trata de "lo que se considera digno de veneración u objeto de culto por atribuírsele un carácter divino. Digno de respeto o de una importancia tal que se considera irrenunciable". Por favor, vuelve a leerlo y llénate del significado de "sagrado" una y otra vez. A mí me hace entrar en otro estado, tomar conciencia de lo que de verdad es el sexo. Me hace pararme, dar un paso atrás y no practicarlo como un elefante en una cacharrería.

Entonces, ¿podemos entender que el sexo viene de Dios?

El término "sagrado" viene del latín *sacratus* (consagrar = ofrecer o dedicar una persona, un lugar o una cosa a una entidad sagrada mediante el rito adecuado), participio perfecto de *sacrare* (consagrar, hacer sagrado), verbo que se deriva del adjetivo *sacer, sacra, sacrum* (sagrado). El adjetivo *sacer* se vincula a la raíz indoeuropea *sak* (santificar).

Parece que necesitáramos de alguien para sacralizar o consagrar algo —el sexo en este caso—, o quizás podamos consagrarlo nosotros mismos, y además mediante el rito adecuado. Y yo me pregunto: ¿conocemos ese "rito adecuado"?

El sexo, como acto sagrado, tiene que ver con la creación. Existe un vacío en la mujer que es llenado con una semilla, portadora de una inteligencia. Se ha pretendido de la mujer que fuera virgen, que no hubiera parido hijos para no dejarlos con otras tribus, y que el día de mañana vinieran a reclamar la herencia. Este sentido de "virgen", que nos viene del antiguo Egipto a través de Mut (el buitre), se refiere al hecho de no estar contaminado, no a haber tenido relaciones sexuales. Es una alusión a que por su mente no pase ningún pensamiento de culpa, y sea capaz de engendrar porque está limpia. Como el buitre, que es capaz de comer carne putrefacta sin contaminarse.

Intuyo que en el antiguo Egipto este poder o capacidad estaba en manos de mujeres con gran capacidad para el sexo, transmutadoras de la energía que contamina. Visto desde una esfera más elevada, eran capaces de mover su energía, pero no entendida como lo hacemos nosotros, sino en un sentido mucho más amplio. Me imagino que tras haber observado su cuerpo, experimentaban con él sin miedo. Supongo que no tendrían que practicar lo que no les apeteciera, sabiendo que cada práctica exigía una pureza de mente, que cada acto que realizaban era puro en sí mismo. Eran mujeres que iban transmitiendo ese poder, esa magia, esa alquimia, de generación en generación. No valía cualquiera: tenías que ser iniciada en estos rituales y en una vida espiritual.

Digamos que con un buen sexo podías llegar a Dios, o mejor dicho, que sin una sexualidad limpia y cumplida no podías llegar a Él. Es como tener los deberes hechos antes de ir a jugar.

Estas mujeres tenían una fuerza en su soplido. Era como un soplo activador, una mezcla de humedad y calor. Necesitaban soplar a la niña —en aquella época tan joven, con apenas catorce años— cuando iba a ir al matrimonio. Desde ese soplido a la altura del vientre, la sacerdotisa, investida de ese poder, podía dotar a la niña del calor suficiente para que su energía sexual se pusiera en marcha, para que pudiera disfrutar del sexo, sintiendo su cuerpo como un templo. Cada uno es dueño de su templo. Aquí es fundamental la inocencia, ver todo lo relacionado con el sexo bajo este prisma, y que la energía no se pierda, para poder acceder a la música, a la pintura, a la danza, a la comida...

Al hombre, que quizás fuera un poco mayor que ella —en torno a los dieciséis—, ese soplido le otorgaba calma, *tempo*, que sus eyaculaciones en el vientre de su mujer fueran limpias energéticamente. No debemos olvidar al guerrero que todo hombre lleva dentro, y cómo en los actos sexuales vierte muchas veces "la guerra, el odio, la batalla, todo lo acumulado". Hay que recordar aquí también el origen etimológico de la palabra eyacular. Este término viene del latín *eiaculari* (lanzar hacia afuera) formado por el prefijo *ex* (hacia afuera) y el verbo *iaculari* (tirar un dardo). Curiosamente comparte raíz con el término "jaculatoria", esa "oración breve y fervorosa" que es "lanzada al aire" (y de ahí su parecido con *eiaculari*).

Pero volvamos a nuestra historia, en la que teníamos dos jóvenes, una sacerdotisa y una energía sexual. Aquí entra en juego la prostitución, tan mal vista a lo largo de la historia, aunque no por los antiguos egipcios. La prostituta ejercía una función de limpieza de la energía sexual, y como tal hacían un bien a la sociedad. Estas mujeres eran distinguidas por algunos objetos como las pelucas, la cerveza o la flor de loto. Imaginemos por un momento una guerra a la que el hombre tiene que partir para luchar, pasar hambre, frío, matar a otras personas... El soldado iba acumulando basura energética, que era limpiada en sus encuentros con prostitutas. Estas mujeres tenían una gran capacidad de limpieza, y hay que tener en cuenta que estos encuentros no eran la mayoría de las veces causados por un deseo sexual, sino para liberar toda la energía negativa acumulada y no contaminar a su mujer cuando llegara a su hogar. Soy consciente de que esto puede ser criticado o visto con una moralidad o prejuicios mal entendidos, pero yo lo veo de este modo. Creo que es el momento de atrevernos a dar un cambio a este concepto de "mujeres de mala vida", que tanto bien han hecho a la humanidad. No debemos considerarlas como basureros donde el hombre arroja su porquería, como el lugar de transmutación de la energía masculina. Son unas grandes mujeres que pueden tomar conciencia de ello. Si el concepto de "virgen" no tiene que ver —como hemos visto ya— con una condición física, ni con una ruptura de una membrana, sino con Mut, el buitre del antiguo Egipto, que no se contamina con la carne putrefacta con la que se alimenta, sino que es capaz de transmutarla, estaremos capacitados para verlas de un modo más próximo a este concepto. Podemos pensar en esos encuentros sexuales como un acto puro en el que solo interviene la inocencia, esta energía capaz de transmutar.

Entonces, ¿qué se hace con lo que es sagrado? En primer lugar, tomar conciencia de que es así y disponernos ante ello como tal. Una vez que nos ponemos ante ello, siendo conscientes de su sacralidad, lo limpiamos de ideas y de creencias erróneas. Un ejemplo son las ideas progresistas, que tanto daño han hecho: "Si tengo más relaciones, más terminaré conociendo del tema, y más experiencia obtendré". Al final, tanto las ideas progresistas como las conservadoras han hecho mucho daño, en el sentido de que no permiten que accedas a tu verdadero ser, a tomar conciencia de lo que tu deseas de verdad.

Me imagino igualmente que si eres consciente de que tu cuerpo es tu templo, lo cuidarás, lo limpiarás, lo lavarás y lo prepararás para las mejores ceremonias. Además, le ofrecerás los mejores manjares. Tu templo no se alimenta de cualquier cosa, sino únicamente de aquello que es igual a ti, otro templo que haya sido venerado y cuidado de la misma forma. Desde la sinceridad, desde la inocencia, nunca puede aparecer la palabra "pecado". Y, ¿quién manda en el templo? Está claro: mandas tú. Tú decides quién accede, cuándo accede y cómo accede. Desde ahí solo pueden producirse actos puros, actos que, si Dios quiere, en un determinado momento serán llenados de gracia divina. De ese modo se podrá acceder a un nivel de sexualidad que solamente después de un crecimiento espiritual real puede ser puesto en marcha y comprendido. En ocasiones los encuentros sexuales sagrados son puestos en marcha desde más arriba, sin que nosotros podamos intervenir, y las caricias se pueden producir a kilómetros de distancia, desde un plano más elevado, abriendo nuevos horizontes de conciencia y de comunicación. Solamente si Él quiere podrás ser llenado por el sexo sagrado. Lo mejor es relajarnos, disfrutar, y ver qué va pasando en nuestra vida, permaneciendo siempre atentos. En este estado de gracia ya no se habla de orgasmo o de relación física. Es más, todo eso deja de ser necesario, y lo que viene a sustituirlo es un estado en el que tu energía percibe la del otro, siendo los dos alimentados: es el éxtasis. Pero llegar hasta allí no depende solo de nosotros...

 **EDITATUM**

Patrocinio

Esta es la página destinada a ofrecer al lector y a los medios de comunicación, todos los datos e información sobre el patrocinador de este libro.

Puede contener su logo, una breve reseña de su actividad o producto e incluye los contactos web, de correo y telefónico.

Además, el patrocinador figurará en el espacio correspondiente en la contraportada del libro. Este patrocinio figurará en todas las sucesivas ediciones de la obra si éstas se produjeran.

Si desea recibir información sobre el patrocinio de los GuíaBurros puede dirigirse a la web:

www.editatum.com/patrocinio

Autores para la formación

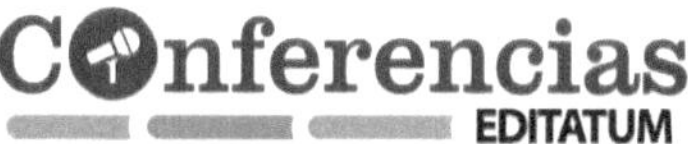

Editatum y **GuíaBurros** te acercan a tus autores favoritos para ofrecerte el servicio de formación GuíaBurros.

Charlas, conferencias y cursos muy prácticos para eventos y formaciones de tu organización.

Autores de referencia, con buena capacidad de comunicación, sentido del humor y destreza para sorprender al auditorio con prácticos análisis, consejos y enfoques que saben imprimir en cada una de sus ponencias.

Conferencias, charlas y cursos que representan un entretenido proceso de aprendizaje vinculado a las más variadas temáticas y disciplinas, destinadas a satisfacer cualquier inquietud por aprender.

Consulta nuestra amplia propuesta en **www.editatumconferencias.com** y organiza eventos de interés para tus asistentes con los mejores profesionales de cada materia.

EDITATUM

Libros para crecer

www.editatum.com

Nuestras colecciones

Guías para todos aquellos que deseen ampliar sus conocimientos sobre asuntos específicos, grandes personajes, épocas, culturas, religiones, etc., ofreciendo al lector una amplia y rica visión de cada una de las temáticas, accesibles a todos los lectores.

Guías para gestionar con éxito un negocio, vender un producto, servicio o causa o emprender. Pautas para dirigir un equipo de trabajo, crear una campaña de marketing o ejercer un estilo adecuado de liderazgo, etc.

Guías para optimizar la tecnología, aprender a escribir un blog de calidad, sacarle el máximo partido a tu móvil. Orientaciones para un buen posicionamiento SEO, para cautivar desde Facebook, Twitter, Instagram, etc.

Guías para crecer. Cómo crear un blog de calidad, conseguir un ascenso o desarrollar tus habilidades de comunicación. Herramientas para mantenerte motivado, enseñarte a decir NO o descubrirte las claves del éxito, etc.

Guías prácticas dirigidas a la salud y el bienestar. Cómo gestionar mejor tu tiempo, aprenderás a desconectar o adelgazar comiendo en la oficina. Estrategias para mantenerte joven, ofrecer tu mejor imagen y preservar tu salud física y mental, etc.

Guías prácticas para la vida doméstica. Consejos para evitar el cyberbulling, crear un huerto urbano o gestionar tus emociones. Orientaciones para decorar reciclando, cocinar para eventos o mantener entretenido a tu hijo, etc.

Guías prácticas dirigidas a todas aquellas actividades que no son trabajo ni tareas domésticas esenciales. Juegos, viajes, en definitiva, hobbies que nos hacen disfrutar de nuestro tiempo libre.

Guías para aprender o perfeccionar nuestra técnica en deportes o actividades físicas escritas por los mejores profesionales de la forma más instructiva y sencilla posible,

Yoga con calor

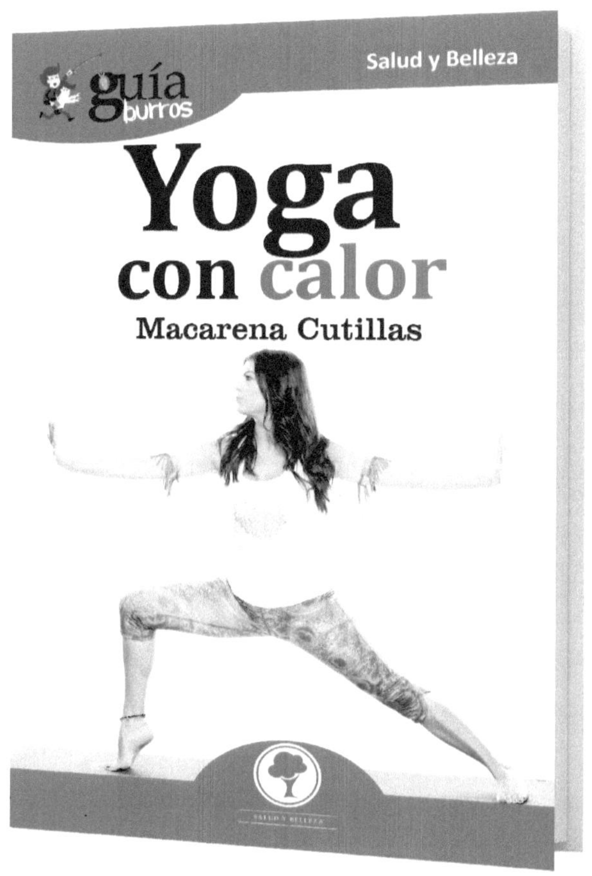

GuíaBurros Yoga con calor es una guía básica con todo lo que debes saber sobre esta práctica.

+INFO

http://www.yogaconcalor.guia-burros.com

Nutrición

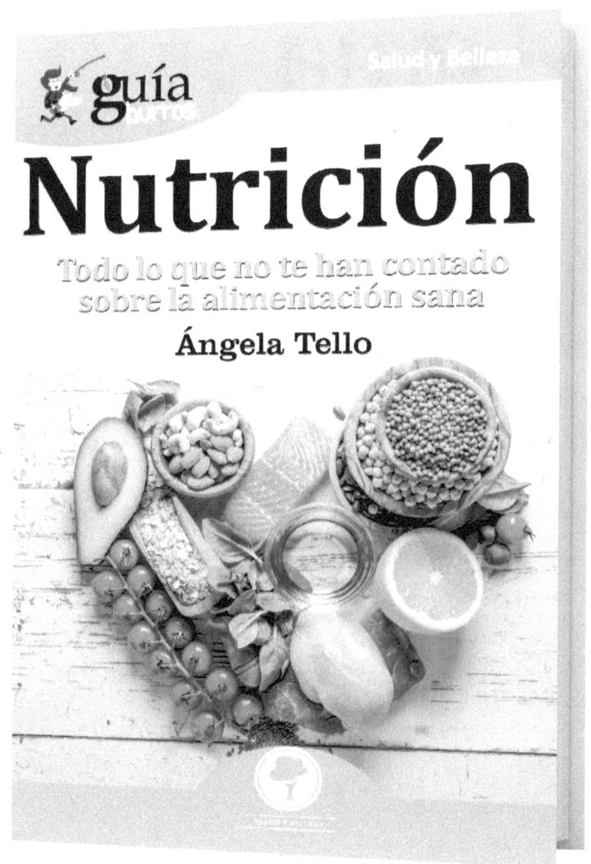

GuíaBurros Nutrición es una guía básica
con todo lo que no te han contado sobre la
alimentación sana.

+INFO

http://www.nutricion.guia-burros.com

Budismo

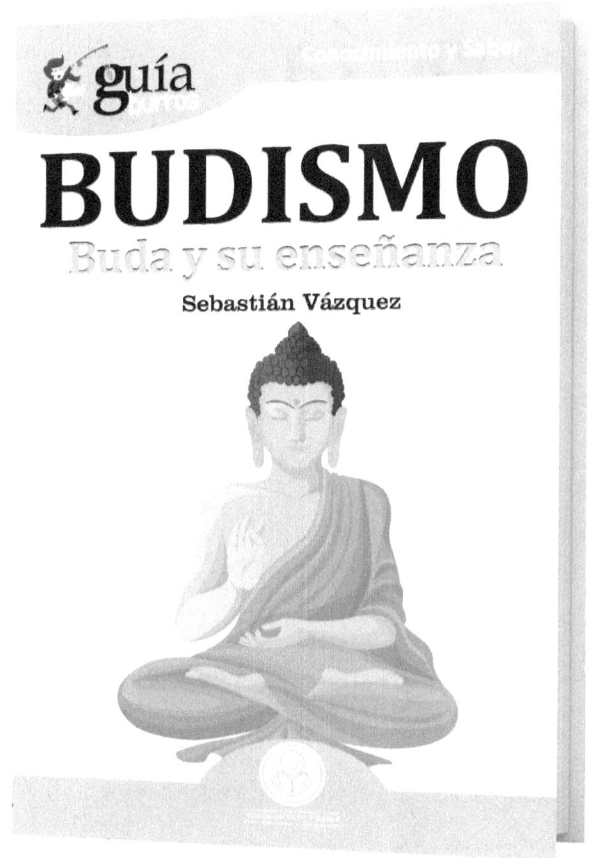

GuíaBurros Budismo te enseñará todo lo que debes saber sobre Buda y cómo hacer que forme parte de tu vida.

+INFO

http://www.buda.guia-burros.com

Coaching

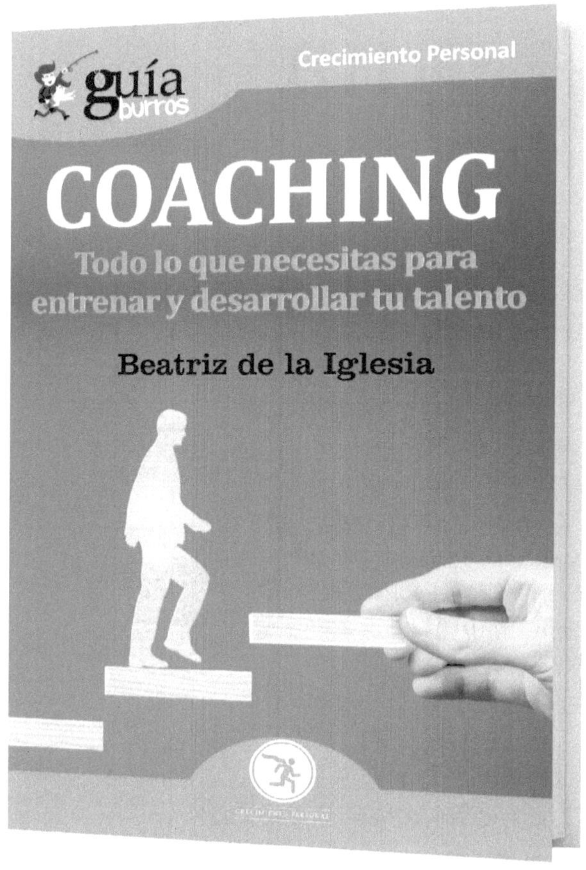

GuíaBurros Coaching es una guía con todo lo que necesitas para entrenar y desarrollar tu talento.

+INFO

http://www.coaching.guia-burros.com

 **Neurocoaching**

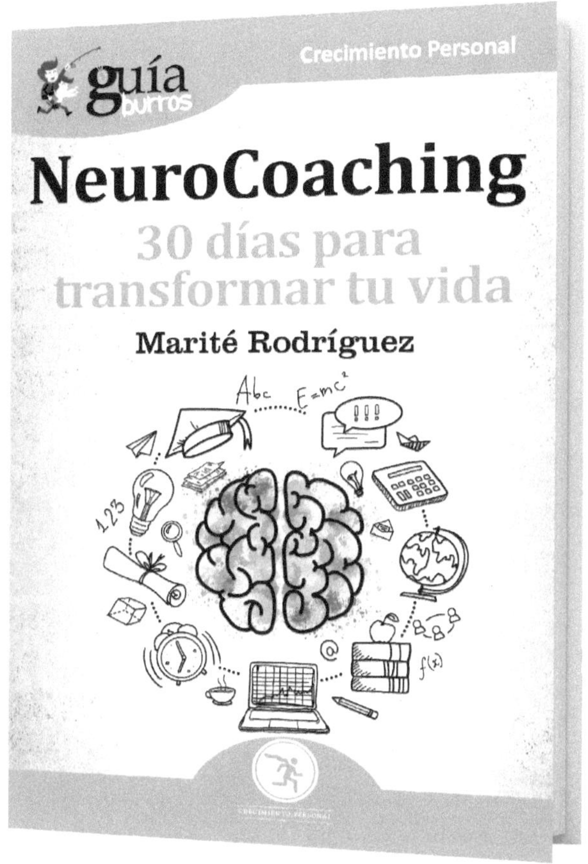

GuíaBurros Neurocoaching es una guía básica con todo lo que debes saber para transformar tu vida en 30 días.

+INFO

http://www.neurocoaching.guia-burros.com

Primeros auxilios

GuíaBurros Primeros auxilios es una guía con la que tú puedes salvar vidas

+INFO

http://www.primerosauxilios.guia-burros.com

 **Música clásica**

GuíaBurros Música clásica es una guía básica para los que aún no saben que les gusta la música clásica

+INFO

http://www.musicaclasica.guia-burros.com